顧客生涯価値マーケティング

持続的な関係性をつくる

岩永洋平 著

Customer Lifetime Value

中央経済社

はじめに
―顧客との持続的な関係性はいかに可能か―

　この商品をまた買いたい，という消費者の思いはいかに起こせるか。

　近年，このような問題意識が消費財の企業でいっそう強くなっている。顧客の反復購買は事業の収益性を向上させるため，これまでもブランド・コミュニケーションやマストバイ販促などが関係継続の問題意識から実践されている。ただし，反復の促進に利用できる手段に限界があった。特に店舗で販売される一般消費財のメーカーにとって，消費者を区分してのアプローチは容易ではなかった。

　しかし近年はECと電子決済の普及，SNSの年代を超えた拡大，AI化など，市場の環境は変化している。消費者の行動データを広範・個別・即時に収集し，識別された顧客に対してリアルタイムに働きかける環境が実現して，企業と消費者の関係も大きく変わっている。一度限りではない，消費者との長期にわたる関係性を取り結ぶマーケティング実践は，継続促進の施策が現実的なものとなって広がりつつある。サブスクリプション，ファン・マーケティング，顧客コミュニティなどへの関心の高まりはその表れである。これらの手法を利用するD2C（Direct to Consumer）ビジネスにも注目が集まる。

　そのなかにあって顧客生涯価値・LTV（Customer Lifetime Value）は，マーケティングの実践と研究において１つの焦点となっている。顧客生涯価値は，事業計画や投入した顧客継続施策の評価指標としても用いられる，顧客との関係性の成果である。LTVについての研究は1990年前後から始まっているが，今世紀に入って以降，言及する研究論文が急増して重要度が増している。消費財の企業にとってLTVは，四半期・半期の利益をみるPL以上に重要な指標といえる。短期の利益にこだわるPL志向から，中長期のROI視点で顧客との関係性を基盤とする顧客生涯価値の重視に転換しなければ，事業の将来は危ういものになると指摘する研究もある（Rust et al., 2010など）。

　ただし現状では，ナショナル・ブランドのマーケティング実践でのLTV重視への転換は依然として限定的である。デジタルを含めて近年のツールを活用して個別顧客と関係を取り結ぶ施策は，既存のブランディング，マス・マーケ

ティングの延長線上の発想からは生まれにくいだろう。また，一般消費財での持続的購買関係の研究は発展段階にあり，再び購入したいという顧客の意識が，どのように喚起されるかの研究はまだ十分ではない。

　これまでもLTV形成を志向して顧客との関係性を基盤とする，現在のD2Cと同様の事業視点をもった企業がなかったわけではない。また地方中小企業のなかには，乏しい経営資源でナショナル・ブランドに対抗していくうえで，顧客との気持ちのつながりの形成に活路を見出してきた企業もある。本書の分析対象としたのは，そういった企業である。筆者はマーケターとしての職歴のなかで，運よくこれらに該当する企業との縁があり，事業が成長するいくつもの過程をともにしてきた。最近のD2C企業における業務支援経験も含めて，LTV形成の事業実践の視点を共有できるものとしたい。

　本書では，顧客生涯価値の増大を目標として持続購買意向を喚起する独自の「持続的価値形成モデル」を提起する。既存研究の意義と限界を捉えたうえで事業者対象調査，2つの消費者調査，ケーススタディによる実証研究を通じて，企業が顧客との関係の結びつきを築き，事業成長を実現するための新たな枠組みを提供する。

　理論的には，マーケティング研究への適用例が少なかった社会的行為論（M. Weber）と社会システム論（N. Luhmann）の社会科学理論を，モデル構築と事例分析のフレームに適用する。また理論的検討と実証研究を踏まえ，具体に近い実務的インプリケーションを提示する。このように研究と実践の複合的な視点から，本書はマーケティング研究にこれまでとは異なる洞察を提供したい。同時に顧客生涯価値を追求する企業に，どうすれば顧客との持続的な関係を取り結べるのか指針を示して，事業成長に貢献することを目指している。

2025年3月

岩永洋平

iii

目　　次

はじめに　i

第 1 章　顧客生涯価値をいかに高めるか　1

1　持続的な購買関係の困難 ………………………………………… 1
2　顧客生涯価値への関心の高まり ………………………………… 2
3　既存研究と市場実践 ……………………………………………… 4
4　顧客生涯価値の規定 ……………………………………………… 6
5　本書の構成と対象 ………………………………………………… 8

第 2 章　持続的購買関係はどう研究されたか　11

1　ロイヤルティ研究 ………………………………………………… 11
2　リレーションシップ・マーケティング研究 ………………… 15
3　顧客エンゲージメント研究 ……………………………………… 22

第 3 章　地域産品の現状と可能性をどう捉えるか　31

1　地域産品と地域ブランド ………………………………………… 31
2　地域産品の成長限界 ……………………………………………… 32
3　地域ブランド研究 ………………………………………………… 37
4　地域ブランディングとブランド知識 ………………………… 38
5　地域ブランディングの限界 ……………………………………… 42
6　特異な顧客関係性の形成 ………………………………………… 46

iv

| | 7 | 既存研究のレビューから | 48 |

第 4 章 　D2C事業者調査：LTVを高めるビジネスモデル　　51

	1	顧客生涯価値を志向する実践の拡大	51
	2	D2Cの事業運営実態の把握	53
	3	顧客生涯価値の向上を図るビジネスモデル	64
	4	顧客価値収益モデルの評価	71
	5	D2C事業者の調査から	74

第 5 章 　意識モデル：持続購買意向の形成メカニズム　　77

	1	知識と態度が行動へと導く	77
	2	顧客の知識が再購買意向を形成する	79
	3	社会的行為論で態度を規定する	81
	4	持続的価値形成モデルを提起する	86

第 6 章 　実証研究：持続購買意向の形成作用の検証　　89

	1	一般消費財の顧客との関係形成作用の検証	89
	2	D2Cにおける持続購買意向の喚起	93
	3	地域産品における関係形成作用の検証	96
	4	エンゲージメント行動と観察による知識	101
	5	商品別の持続購買意向の喚起	102
	6	持続購買を促す実践と成果	104
	7	波及効果としての地域愛着の喚起	118
	8	モデルの検証から	122

目　次　v

第7章　事例研究：持続的購買関係の構築プロセス　125

1	ケーススタディの対象事業	125
2	ケーススタディの方法	127
3	初回購買段階における関係形成	132
4	持続的購買段階における関係形成	139
5	不確定性の増大による関係性の発現	145
6	事例分析から	150

第8章　総合考察：理論的含意と実践への適用　153

1	「観察による知識」が持続購買意向を形成する	153
2	「コミットメント」概念が顧客の広範な態度を捉える	155
3	持続した市場取引から社会的結合が生じる	157
4	LTV視点の重要成果指標	159
5	顧客生涯価値を形成する10件の事業方針	163
6	産業振興と関係人口の形成促進	169

第9章　結論：顧客生涯価値の形成に向けて　173

| 1 | 結果と研究の意義 | 173 |
| 2 | 研究の限界と今後の課題 | 176 |

参考文献　179
あとがき　191
索　引　193

第1章 顧客生涯価値をいかに高めるか

1 持続的な購買関係の困難

　消費者に商品を買ってもらうことの難しさについて，次のような古典的な記述がある。商品と貨幣との交換は商品の価値が貨幣に転換する過程であり，商品の「命懸けの跳躍」である。商品は貨幣を恋焦がれるが，「真実の恋はなかなかうまくいかない」（Marx, 1890, pp.212-215）。マルクスが述べるように買い手に商品を購入させるのは原理的な困難があり，商品が一般等価物である貨幣に転換できるかどうかはつねに不確実である。売り手は自分の商品の価値を信じて値付けをするが，支払いに見合う価値を認めて消費者が買うかどうかは分からない。

　運よく商品の恋愛が成就して取引が成立しても，その後にはさらなる困難が待ち受けている。「販売はいわば求婚にすぎず，そののちに結婚生活が始まる。幸せな結婚生活を送れるか否かは，売り手が買い手との関係をいかにマネジメントするかにかかっている」（Levitt, 1983, p.81）。レビットは購買関係を，初回の購買と2回目以降に区分して捉えている。商品が消費者に認められて，いったんは購入されても，他の売り手からの誘惑は尽きない。消費者には選択の自由があり，別の相手を自由に選べる。消費経験を経たこの商品ではなく，ほかの未知の商品のほうがよいのではないかと思うことができる。消費者との関係をつなぎとめるために，売り手は絶え間ない努力をしなければならず，持続的な購買関係を取り結ぶことは，初回取引の成立と同等以上に難しい。

　もとより商品の売り手と買い手の関係は非対称的である。売り手には，消費

者との長期の反復した購買関係を結びたいと望む，強い動機がある。一方の消費者側は量販店，コンビニエンス・ストア，ECサイトに数多くの魅力的な商品が並ぶ環境にあり，無数の選択肢のなかからどの商品でも選択して構わない。ひとたび特定の商品を選んだとしても，代わる商品はいくらでもあって，特定の選択に拘束される理由はない。自由で移り気な消費者に対して，売り手の側はつねに劣位に置かれながら，消費者と特別な関係を結ぶことを望み続ける。

　収益を求める売り手にとって，顧客との持続的な購買関係の形成は主要なマーケティング目標の1つである。繰り返しの購入は一般に，事業の収益性を高める。これは購入あたりのマーケティング費用が，初回購入よりも2回目以降が格段に低いことに由来する（Reichheld, 1996）。できるだけ多くの顧客と，2回，3回，4回と反復して購入する関係を築くことで，事業の採算性は高められる。関係性の成果は，顧客あたりの累積の利益である顧客生涯価値・LTV（Customer Lifetime Value）の指標に，定量的に表れる（顧客生涯価値はCLVとも表記されるが，ここではLTVと呼ぶ。）。

　では売り手と顧客の持続的な購買関係は，どのように構築しうるのか。この商品をまた買いたいという気持ちは，どうすれば起こせるのか。本書の問題意識は，一般消費財における顧客との持続的な購買関係を形成して，LTVを高める諸要因を解明することにある。

2　顧客生涯価値への関心の高まり

　マーケティング理論の発展期，レビット（Levitt, 1960）とコトラー（Kotler, 1967）は，長期的な顧客との関係こそが企業の収益を高めると指摘し，顧客生涯価値の発展につながる視点を示していた。顧客生涯価値・LTVの語自体は1980年代後半からダイレクト・マーケティング研究の分野を中心に用いられるようになっている（ルディ，1987，Dwyer, 1989など）。ルディ和子（1987）は購買頻度と購買額によって決まる生涯の累積客単価，または累積利益を顧客生涯価値としている。また，顧客生涯価値や個別化されたコミュニケーションなどのダイレクト・マーケティングの考え方は，いずれ店舗販売の消費財に適

用されるようになる。それは顧客購買履歴のデータ化とデジタルの双方向性コミュニケーションの進展によって実現すると、その後の展開を見通した洞察を前世紀の時点で示している。1980年代後半ごろから日本のマーケティングの実務では、米国やルディらのテキストに学びつつ、顧客生涯価値は最重要の指標の1つとして用いられ始めていた。

しかし、LTVに言及した論文はGoogle Scholarでみると、1980年代の10年間を通じて33件であり、必ずしも関心が高いテーマであるとはいえなかった。1990年代に入っても関連論文は年に数件から数十件程度であったが、2000年前後からLTVを対象とした研究が増え始めた。「Harvard Business Review」の米版では1990年代後半からLTV関連の記事が複数現れて、1999年には日本版でも顧客生涯価値の特集が編まれた。日本経済新聞での初出は2001年で、LTVはマーケティングの最終目標であると用語解説で述べられている。

その後も顧客生涯価値は一過性のテーマにとどまることなく、**図1-1**に示

図1-1 LTV（Customer Lifetime Value）に言及した論文数

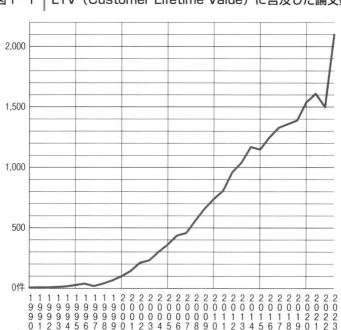

すように関連論文は着実に増え続けている。今後も顧客生涯価値は，CRM（Customer Relationship Management）などの領域と関連して，マーケティング研究の主要な論題の1つであるだろう。顧客生涯価値への関心がマーケティング研究全般で拡大している背景には，1980年代にルディが予見していた市場環境の変化が関係している。

3　既存研究と市場実践

2000年代に入って以降，市場の実践では一般消費財でも持続的購買関係の形成を志向する動きが活発になっている。2020年前後からは，デジタルメディアを活用しつつ，顧客とのコミュニケーションにより持続的購買関係を形成し，顧客生涯価値の形成を強く志向するD2C（Direct to Consumer）ビジネスが伸長している（金澤ほか，2021，Lienhard，2022，岩永，2023）。D2Cの成長には，市場環境の変化がかかわる。2回目購買以降の持続的な購買を促進する事業者の施策は，リテンション施策と呼ばれる（伊藤，2016）。リテンション施策が有効であるためには，購買履歴で顧客が識別され，またそれぞれの顧客にアプローチできる手段が必要である。顧客識別とアプローチの方法が調達しやすい事業者間取引やダイレクト・マーケティング事業，一部のサービス業では以前から，初回と継続の購買が区分されて継続促進の対応がなされている。これに対して間接取引となる一般消費財の事業の多くは，顧客の購買履歴を把握するデータベースをもたなかった。そのため一般消費財のマーケティングでリテンション施策は，市場導入の段階としては意識されるものの，個人客区分のレベルでの実践は容易ではなかった。しかし通信インフラの拡大，EC・電子商取引の普及などの市場環境の変化は，一般消費財の事業にもリテンション施策，顧客関係性構築の現実的な基盤を提供しつつある。

アマゾン，楽天市場，ネットスーパーなどEC・電子商取引での買い物は日常的な消費行動となり，国内EC市場は13兆円を超える規模となった。小売の店頭でもPayPayなどの電子決済，Pontaポイントなどのポイントプログラムが利用される。これにより以前はマーケティング・リサーチによって取得してい

た消費者の行動が，広範・個別・即時に取得され，顧客1人ひとりが，いつ何を買ったかのデータが収集される。さらに購買行動履歴だけでなくネット上での購買外の行動，消費者の検索行動やサイトの接触履歴も，DMP（Data Management Platform）のシステムで蓄積，分析が可能になった。

　個別の消費者への事業者のアプローチは，以前は電話や郵便が用いられて，コストも高く機動性に欠けていたが，現在ではスマートフォンを基盤として，個人単位に到達するコミュニケーションの実用性が高まっている。LINE，インスタグラムなどのソーシャルメディア・SNSの利用は高年齢層まで拡大し，全年代平均で80.8%の利用がある（総務省，2024）。売り手側はEメールやソーシャルメディアを利用し，またスマートフォンのアプリケーションを活用して，個々に識別された消費者に，低コストにリアルタイムで働きかけることができるようになった。

　これらの変化に対応し，現代の消費財の事業者は，蓄積した顧客データを利用し，個々の顧客に購買の反復を促す施策を実施し始めている。初回購買からの2回目以降の購買を促すステップメール，購買履歴や属性に合わせて商品を提案するリコメンデーションの施策が投入される。持続購買を前提とした取引形態で，安定的な収益につなげるサブスクリプションの事業モデルも広がっている。購買単価が100円台のコカ・コーラにおいてさえ顧客データベースが活用されるなど（熊倉，2017），顧客を特定したマーケティングが到達できる現実的な範囲は飛躍的に拡大した。D2Cビジネスへの注目はその表れである。

　消費者との持続的な購買関係に関してはこれまで，1950年代に始まったロイヤルティ研究や1980年代からのリレーションシップ・マーケティングの研究が取組まれてきた。これらの研究は消費財のマーケティング実務に対して，LTVの定量分析や顧客継続施策・CRMの開発に貢献している（Sheth, 2015）。ただしリレーションシップ・マーケティング研究は生産財，サービス財の取引を対象としたものが主で，一般消費財への適用は十分ではないとの課題があげられている（高橋，2002，麻里，2017）。

　既存研究は持続的購買関係の形成に対して，取引主体間の対面的な直接接触関係や，密な相互作用が寄与すると指摘している。既存のリレーションシップ・マーケティング研究のうち，KMVモデル（Morgan & Hunt, 1994）は，

消費財を含む取引関係の汎用モデルと位置づけられながら，密な相互作用がある事業者間取引をケースとして検証している。国内の代表的な成果である多次元的コミットメント・モデル（久保田，2012）は，やはり汎用モデルとされているが，対面的な直接接触関係のある生産財とサービス財取引を検証に用いている。しかし一般消費財の多くは，問屋・小売を介した間接取引がなされて，商品の提供者と顧客は対面関係や相互作用をもつ機会がない。このような研究の現状から，リレーションシップ・マーケティングは，一般消費財では有効ではないとの指摘さえある（Leahy, 2011）。

　2000年代後半以降に隆盛した顧客エンゲージメント研究は，購買行動以外の行動も含めて顧客との持続的な関係を分析しており，リレーションシップ・マーケティング研究の拡張であるとも位置づけられる。その研究は，顧客間および事業者と顧客間の密な相互作用や顧客コミュニティが，持続的な購買関係において重要な役割を担うと指摘した（Brodie et al., 2013など）。しかし小売を介す多くの一般消費財では，相互作用は必ずしも活発ではなく，多くの場合，顧客との広範なコミュニティは構築されていない。相互作用を実践する顧客の比については第6章の調査で確かめるが，一般消費財の持続的購買関係の研究は，いっそう検討を進める余地があると考える。

　顧客との持続的購買関係により，顧客生涯価値を高めんとするマーケティング施策が広く一般消費財で実践されるようになっており，その動向に対応する研究の重要性はいっそう高まっている。マーケティング研究は市場での実践を捉え，さらに実務への貢献を図るものである。既存研究の蓄積を基盤に，近年のコミュニケーション環境，市場の変化を踏まえて，一般消費財を対象とした持続的購買関係についての研究を進めなければならない。具体的には，直接接触関係や密な相互作用によらずして，一般消費財における顧客の持続的な購買関係が，いかに形成されるのかを明らかにする必要がある。

4　顧客生涯価値の規定

　顧客と取り結ぶ継続的な関係の成果は修辞や抽象概念ではない価値，事業の

利益指標である顧客生涯価値に現れる。これは独自の考え方ではなく既存の多くの研究と共通している。顧客生涯価値がどう捉えられてきたのかを主要な研究を確認したうえで，実務での活用を踏まえて，本書での顧客生涯価値の規定を示す。

　初期の研究のうちライクヘルド（Reichheld, 1996）における顧客生涯価値は，顧客との長期的な関係を通じて得られる将来の純利益の合計であり，反復購買に向かう顧客の意識と行動が事業の成長と利益に大きな影響を与えると主張する。また反復購買で得られる利益が新規顧客の獲得費用を相殺し，持続的な収益をもたらすと述べ，長期的な評価の重要性を強調していた。バーガー＆ナサー（Berger & Nasr, 1998）はLTVを顧客との長期的な関係を通じて得られる，利益の予測指標と捉える。同研究ではLTVの算出と活用の方法が検討され，事業計画を開発するうえでLTVが有用であると述べられている。ラストら（Rust et al., 2010）のLTVは短期的な取引の積み重ねではなく，顧客との長期的で深い関係性の構築を通じて得られる将来の収益の予測値である。また企業が効果的なマーケティング戦略を展開するためにLTVの概念とその重要性を理解し，顧客との関係性を深める施策を展開すべきだと述べている。さらにファイファー＆コンロイ（Pfeifer & Conroy, 2005）は，顧客から得られる生涯利益の現在価値であるLTVは，マーケティング投資のROIを評価するための基本的な指標であると述べ，顧客獲得と維持費用の控除の必要性を強調している。これらの既存研究を参照しつつ，本書では顧客生涯価値を次のように規定する。

　顧客との持続的な購買関係によって得られる累積の収益から，原価および顧客獲得と維持の費用を除いた利益を経時的に示す計測値，または予測値であり，購買行動の分析やマーケティング施策と事業計画の評価と開発に用いる。

　顧客生涯価値は顧客との関係持続を源泉とする定量的な利益指標であるという基本的な認識は，この規定においても多くの定義と共有している。既存研究のなかには顧客獲得費用を軽視する傾向もみられるが，ここではライクヘルド

らにならい顧客獲得の費用の控除を示した。これは第4章の事業者の調査に現れたように，顧客獲得費用は実務上で，LTVとともにKPI・重要成果指標の両輪として重視されているためである。

　一方で本規定はマーケティング実践でのLTV指標の利用を踏まえたことで，既存の研究とやや異なる視点をもつ。既存研究では資産としての顧客の価値を把握する問題意識から，LTVの予測値の側面が重視され，将来の利益の総計と規定されている。しかし実務での顧客生涯価値は，まずは購買履歴データを用いた実測値として分析と評価に用いられるため，ここでは計測値でもあることを強調した。またLTVは将来利益の総和とされる例が多いが，ここでは経時的に累積されていくものであると捉えた。この規定によりLTVは，投入する施策と顧客行動の変化に対応した，動的な評価指標になる。ここから新規顧客獲得への投資を初回以降の購買で回収していくLTVの重要な役割を示し，どのくらいの期間後に採算分岐に達するかなどの，実践的なマーケティングROI評価の視点を導入した。

　この規定での顧客生涯価値について第4章で検討するが，諸研究が示しているとおり顧客生涯価値は，いずれマーケティング活動の目標，帰結の指標であり，LTVを向上させるのは顧客との関係性である。マーケターにとっては，顧客生涯価値を高めるために，顧客との継続的な購買関係をいかにして築くかが重要な課題となる。

5　本書の構成と対象

研究フレーム

　本書では先行研究と社会科学諸理論を踏まえて，もう一度この商品を購入したいという消費者の持続購買意向の態度が，どのような作用で起きるかを明らかにするモデルを設定し検証する。顧客の態度を形成する要因および，商品の購買行動を方向づける態度を概念規定し，それらを構成した「持続的価値形成モデル」を提起する。そのうえで定量調査で，モデルの妥当性を検証し要因間

の影響関係を分析する。加えて事例分析を行い，定量調査では判明しない持続購買意向の形成の具体的な過程を分析する。これらを通じて，消費者による事業者の自己表現の観察および，消費経験により蓄積された知識が，信頼とコミットメントの態度を喚起し，一般消費財の持続購買意向に影響する関係を捉える。このような新たな視点のマーケティングのモデル設定により，事業の持続的な成長に貢献しうる施策の枠組みと方針を提案する。

　実証調査としては，D2Cビジネスを対象とする事業者調査，2件の消費者調査，1件のケーススタディを行う。まず事業者の側を対象にした調査で，LTVの向上を志向するD2C事業者が，顧客をいかにして反復購買に誘導しようとしているかを把握する。消費者側の調査は2つの商品カテゴリーを対象とする。1つめのカテゴリーは典型的な一般消費財で，ほぼすべての消費者が日常的に利用し反復購買しているヘアケア商品を対象とする。もう1つの対象カテゴリーは地域産品を取り上げる。地域産品については地域ブランド論の研究の蓄積があり，そこで展開された議論は事業者と消費者との関係を考えるうえで検討すべき価値がある。また地域産品は，公的な支援もあって各地で開発が取り組まれているが，顧客の反復購入が十分に得られず，成長にいたらない例が多い。そのなかにあってナショナル・ブランドと比較して乏しいリソースにもかかわらず，それぞれの特徴ある施策で顧客との持続的購買関係を形成し，市場での成長に成功した事業者もみられる。顧客生涯価値を形成する事業の，困難と可能性の双方があることから，地域産品を研究対象カテゴリーとして選んだ。

用語・構成

　消費者が購入する商品はサービス財と，物財である一般消費財に大別される。消費財の語は生産財と消費財の大区分の際には物財だけでなくサービス財を含むが，ここでは物財を「一般消費財」とする。持続的購買はロイヤルティ研究やリレーションシップ・マーケティング研究においては，直接の研究対象となる消費者の反復的な購買行動である。エンゲージメント研究や顧客生涯価値研究で持続的購買は，LTVとして定量的に評価される。持続的な購買行動は，消費者意識のなかで「持続購買意向」の態度に方向づけられて，1回限りの購

買だけではなく連続した購買行動として表出される。地域ブランド研究においても「顧客との長期的な関係」（青木, 2008），「反復購入」「常用」（田村, 2011），「顧客の固定化」（上原, 2011）として，市場導入の目標とされている。持続購買意向にかかわる要因は，第4章の仮説モデルの設定において概念規定し，関係づけられる。「地域産品」は，1次産品以外の一般消費財のうち，地名や地域についての消費者の知識を利用して販売される商品をそう呼ぶこととする。この地域産品は製造過程を地域内にもって地域が得る付加価値を高めることが可能で，加えて1次産品よりも差別化が図りやすく消費者を持続的な購買へと誘導しやすい。

　本書の構成は大きく分けて，先行研究レビュー，事業者調査分析，定量調査分析，事例研究の区分で構成される。第2章では持続的購買にかかわるロイヤルティ研究，リレーションシップ・マーケティング研究，顧客エンゲージメント研究，第3章では地域産品に関連する地域ブランド研究をレビューし，先行研究で明らかになっていない側面を抽出する。第4章ではD2C事業者を対象とした調査から顧客生涯価値を志向する事業の運営方針を把握する。第5章では顧客の意識内の要因を構成した，持続的価値形成モデルを提起する。第6章では一般消費財を購入する顧客を対象とした2つの定量調査により，当該モデルの妥当性と要因間の影響関係を検証する。さらに第7章では，顧客生涯価値を高めて成長した事業者の事例分析を行い，事業者の働きかけと顧客の反応を通じて関係が形成される過程を分析する。これらの検討，調査分析を踏まえて本書で得られた理論的な示唆，実践に適用可能なインプリケーションを第8章で示す。

第 **2** 章 持続的購買関係はどう研究されたか

　持続的購買に向かう消費者の意識と行動を，マーケティング研究ではさまざまなモデル，構成概念を用いて分析してきた（寺本，西尾，2012，竹内，2014，神田，2018）。反復購買の行動に注目したロイヤルティ研究，顧客の意識をも分析したリレーションシップ・マーケティング研究，つづいて顧客の購買外行動を含めて研究対象とした顧客エンゲージメント研究を取り上げて，一般消費財の持続的購買を捉えるうえでの既存研究の意義と限界を検討する。

1　ロイヤルティ研究

ロイヤルティ研究の意義

　顧客の持続的購買を把握する研究の嚆矢であるロイヤルティ研究は，1950年代のパネル調査の分析から始まったとされる（青木，2000）。初期のロイヤルティ研究は，再購買の行動の把握に焦点があった。ブラウンは，パネル調査に現れた顧客の商品購入パターンを，同一商品を反復購入する非分割ロイヤルティ，複数の特定商品を選択する分割ロイヤルティ，特定商品の反復が安定しない不安定ロイヤルティ，選択商品を特定しないロイヤルティなしの4つのカテゴリーに区分した（Brown, 1953）。またリップスタインは，ロイヤルティ行動を商品の再購買率によって指数化して測定し，後の研究の基盤となっている（Lipstein, 1959）。パネル調査では顧客の買い物日記，つまり購買行動の履歴データが取得される。これがロイヤルティ研究の実践上の貢献につながる。まず特定の顧客による特定の商品の購入を，初回と2度目以降の購入に区分し，

反復の回数や期間を把握できる（杉本, 1973）。ここから商品の提供者は，事業の収益を，単発の購入行動の集積によって構成されるものではなく，顧客の反復購買によるものとして把握できるようになる。

ロイヤルティ研究によるこの認識は，事業運営に大きな変化をもたらす。式1では商品単価と販売数で事業の収益が得られる。この式にもとづく商品，事業設計がなされるのであれば，コントロールできるのが2つの変数に限られる。収益を高める方法は，商品単価の向上によるか，販売数の増加によるかいずれかとなり，値ごろを外れた高い価格設定や，廉売による販売数の増加を図ろうとする隘路におちいる。式2は式1とは異なり，顧客があり，期間の要因が含まれて，顧客による反復購買の要因を組み込んでいる。式2にもとづく事業設計であれば，収益は顧客の反復購入によってもたらされるという認識をもてる。商品を購入する自社の顧客が，均質で一様なものではなく，商品を繰り返し買う程度が異なる，固有の存在の集合であるとの認識が得られる。この点から反復購買をもたらす商品評価の向上，顧客との持続的な関係の形成による収益増大の方針を立てることができる。

当初のロイヤルティ研究は，外部からの観察が可能な顕示的な行動に限定した分析がなされていた。これは消費者・顧客にいかなる刺激を与えれば提供者の商品を選択・購入するかという問題意識のもと「客観的・科学的」に，与えられた刺激と反応との対応関係を説明・予測する研究を行おうとしたものであった（青木, 2012）。このロイヤルティ研究の「刺激－反応」のフレームは現在でも有用であり，広く実務で利用されるRFM分析をはじめとした，顧客の購買行動履歴を使ったデータマイニングに継承されている。RFM分析は顧客を最終購入からの期間・累積購入回数・累積購入額（Recency, Frequency, Monetary）で区分する分析手法で，CRM施策ではRFMほかの顧客区分にもとづいて，それぞれに対応する施策が投入されている（岩永, 2016, 2023など）。さらに近年の電子商取引などのデジタル・マーケティングでは，購買行動履歴

式1．収益 ＝ 商品単価 × 販売数

式2．収益 ＝ 購買単価 × 顧客数 × 反復購買回数

と併せて外部刺激であるコミュニケーション接触履歴もさかんに利用される。

電子商取引のデジタル・マーケティングでは，事後的な消費者パネル調査やPOSデータによらず，投入した施策と購買行動の関係の全体像を定量的に，直接に取得できる。いずれも外部からの観測が可能な顕示的な行動である，コミュニケーション接触と購買のデータを併せて蓄積すれば，施策への投資と接触，売上・利益の事業指標を連動して分析できる。投入施策とその反応を測定し，個々の顧客，顧客を区分したセグメントを対象としたアプローチのシナリオの最適化が図れる。これはアトリビューション分析と呼ばれる（横山ほか，2015）。

デジタル・マーケティングのアトリビューション分析ではコミュニケーションの施策ごとの投資効率を把握して，ほぼリアルタイムで投資配分と投入施策が調整できる（**図2-1**）。同時に購買額に応じたポイント提供やタイミングごとのコミュニケーションのCRM施策が投入され，顧客の反復購買行動を促して，事業収益を高める実践がなされている。CRMで利用される顧客のメディアへの接触行動履歴，デモグラフィック情報，商品購買履歴を蓄積し，分析するシステムはDMP（Data Management Platform）と呼ばれ，顧客の獲得と育成に貢献する。

ただし，外部から観測可能な行動の連続を分析するだけでは，なぜ商品を買

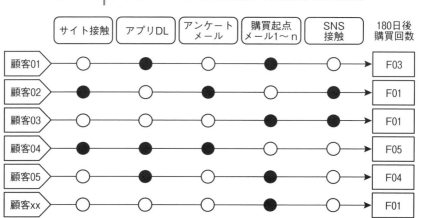

図2-1 アトリビューション分析例（●接触，○非接触）

うのか消費者の意識，購買行動の理由は分からない。未来の購入を予測して誘導するために，有効な刺激となるコミュニケーション施策を開発する際には，消費者の内面にある購入持続の意向に影響する要因を把握する必要がある。そこで顧客の意識の想定，分析が求められることになる。

ロイヤルティ概念の拡張

ディック＆バスの研究におけるロイヤルティのモデルは，**図2-2**のように行動だけではなく持続的購買をささえる意識の側面が「相対態度」の強弱として把握されて，行動の軸と併せた4象限で示される（Dick & Basu, 1994）。ここでのロイヤルティ概念は，顧客の感情的，愛着的，動機的の3つの側面が態度に影響するとされる。「真のロイヤルティ」は顧客の高い相対的態度を基盤とした反復購買である。反復購買の行動があっても，それが惰性や店の棚の位置によって選ばれただけの心理的な基盤に欠けた購買行動であるなら，「見せかけのロイヤルティ」にすぎないという位置づけになる。

ライクヘルドは，ロイヤルティ概念を経営方針策定の中心に置くべきだと重視している（Reichheld, 1996）。そのロイヤルティは，顧客が金銭的もしくは個人的な犠牲を払ってまでも，企業とのリレーションシップを強化したいと望むことと定義される。また新倉（2019）はロイヤルティを「再購買意図」とし，「愛着」をコアとして購買後の満足と次回の再購買を接続する媒介要因と位置

図2-2 顧客ロイヤルティのフレームワーク

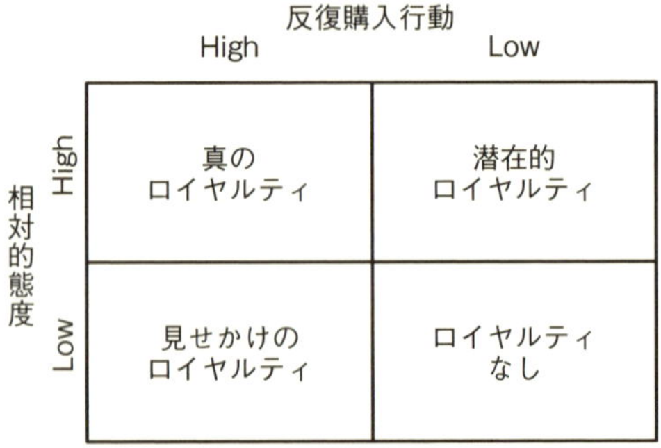

反復購入行動

	High	Low
High	真の ロイヤルティ	潜在的 ロイヤルティ
Low	見せかけの ロイヤルティ	ロイヤルティ なし

相対的態度

出所：Dick & Basu, 1994

づける。これら研究でのロイヤルティ概念は，初期研究が対象とした持続的購買の顕示的な行動ではなく，むしろ顧客の心理的な側面に焦点が移行している。

　ただし初期のロイヤルティ研究は，持続的購買の顕在的な行動の側面を捉えた積極的な役割があり，その視点は現在の実務でも活用されている。この意義を尊重し，また概念の混乱を避けるために，ロイヤルティ概念は行動の側面に限定し，本書では持続的購買に向かう顧客の意識の側面は別の概念で把握することとする。アーカーは顧客の意識上のロイヤルティ向上に影響する変数として，商品への満足度とコミットメントをあげている（Aaker, 1991）。そのコミットメントを中心概念の１つとするのがリレーションシップ・マーケティング研究である。

2　リレーションシップ・マーケティング研究

KMVモデルと多次元的コミットメント・モデル

　リレーションシップ・マーケティング研究は，顧客と事業者の持続的な関係性に注目する。1980年代にレビットは，購入は終点ではなく起点であり，そこから顧客との関係を適切にコントロールして継続させなければならないと説いた（Levitt, 1983）。併せてレビットは顧客の意識について示唆しており，企業に対する顧客の期待，約束した便益が得られるだろうという期待の態度を育成すべきだと述べている。これ以降，リレーションシップ・マーケティング研究では，事業者と顧客の持続的な関係性を生成する顧客の意識について検討がなされてきた。

　モーガン＆ハントは，リレーションシップ・マーケティングを「成功した関係性の交換を確立し，発展させ，維持すること」を目的とした活動と定義した（Morgan & Hunt, 1994）。また関係のありようについては，はっきりと範囲の限定がなされ，持続的な関係性の成否にかかわるのは「権力などの他者を条件づける能力ではない」と述べられる。この「権力」の介在の否定は，注目すべき指摘である。社会関係のなかで，他者の抵抗を排してまで自己の意思を貫徹

する権力（Weber, 1922）は，流通チャネルや企業系列の取引関係の分析において，主要な概念になっている。元請け企業とサプライヤー，小売とメーカーのような事業者間取引，また従業員と企業との関係の把握では，権力をめぐる関係性の分析がなされる。そこでは取引相手の行為を強制的に条件づける権力が，いかに調達・行使されているかが1つの焦点となる（石井, 1983, Stern et al., 1989）。

　しかし，一般消費財の競争環境における企業と消費者・顧客の取引関係は，事業者間取引とは異なる様相を見せる。商品の提供者は収益を目的として持続的な購買関係を望むが，消費者に購入を強いることは基本的に不可能である。もとより，企業のビジネスの成否は，売ろうとする商品ではなく消費者側のニーズによって決定づけられている（Levitt, 1960）とする，マーケティングの当初からのコンセプトは，売り手の買い手側に対する権力の強制が存在しない，消費者側に選択の自由がある関係を前提とする。一般消費財の市場は通常，事業者間取引と比較して購入する商品のスイッチの摩擦は小さく，消費者の側の自由度が高い。消費者は量販店の店頭で，いずれかの買いたい商品を選び，また買わない選択が自由に可能である。

　そういった自由な市場で外的な権力によらず，成功した取引の関係性の持続が可能ならば，買い手である顧客の側に関係を持続させる，何らかの内的な要因が存在することになる。リレーションシップ・マーケティング研究の対象は，一般消費財の提供者と顧客の持続的な関係を含む。一般消費財の市場で，強制のない自由意思にもとづく合意による交換関係でありながら，取引を持続させる顧客側の内的な要因が何であるかが特定されなければならない。モーガン＆ハントは，それを「コミットメント」と「信頼」であると主張する。

　一般消費者も含む持続的な購買関係を確立させる諸要因とその影響関係を示すKMV（Key Mediating Variable）モデル（Morgan & Hunt, 1994）（**図2-3**）は，持続取引関係の形成要因を帰結に誘導する要因として，「コミットメント」と「信頼」が示されている。ここではコミットメントは「交換相手が，相手との持続的な関係は，その維持に最大限の努力を払う価値があるほど重要であると信じること」（ibid., p.22）と説明される。信頼は「取引の相手を信じられる，相手が誠実であると確信をもっている」（ibid., p.23）意識である。

図2-3　KMVモデル

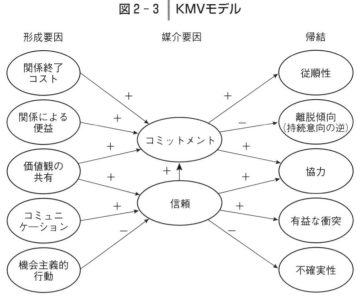

出所：Morgan & Hunt, Figure2, 1994 筆者一部改

　KMVモデルの信頼，コミットメントの媒介要因は，いずれも人の「態度」として捉えられる。態度は心理学では，人がかかわりをもつすべての対象や状況に対する，人の行動を方向づけたり変化させたりするものとされる（Allport, 1935）。消費者行動論において態度は，認知・態度・行動の大枠のなかにあって，消費者のマインドに仮定された，購買行動のような対象への反応の先有傾向を示す構成概念として位置づけられる（新倉, 2019）。KMVモデルの意義は，形成要因−態度−帰結という持続的取引関係に導く構成を提起して，顧客の内面にある媒介要因である信頼とコミットメントの2種の態度の要因を検証し，特定した点にある。

　一方でKMVモデルは持続的購買関係を捉えるうえで，態度の形成要因である商品評価の位置づけに限界があると考えられる。事業者間取引のケースで検証されたKMVモデルでは，商品への満足の変数は項目として「関係による便益」の形成要因に集約され，媒介要因に対しては信頼ではなくコミットメントに影響する構成となっている。また「関係による便益」からコミットメントへ

のパスは有意ではなかった。商品評価の持続的購買への影響は，消費財におい
ては顧客満足研究（嶋口，1994，小野，2010，Kumar et al.，2013など）によっ
て分析されている。一般消費財において商品を消費したうえでの商品評価は，
商品の提供者への信頼の態度を喚起し，持続的な取引関係の形成に影響する有
力な要因であると考えられる。顧客との持続的な関係性を捉えるうえで，商品
評価の要因を重視し，事業者への信頼の態度の形成要因として位置づけるべき
だろう。

　図2-4の「多次元的コミットメント・モデル」（久保田，2012）は，事業者
と顧客とのあいだに長期的で友好的な関係が構築されるうえでの，顧客の意識
内の諸要因の関係を捉えるものである。このモデルでは，「計算的コミットメ
ント」と「感情的コミットメント」の2種の態度が設定されている（ibid.，
p.196）。2種の態度の区分は，顧客の事業者への結びつきの意識には損得勘定
による計算的なものと，相手との一体感による感情的なものがあるという認識
にもとづいている。この2つの態度は，「誠意ある行動」ほかの要因によって
喚起され，顧客の事業者との「関係継続意向」に影響する，媒介要因であると
位置づけられる。2つのコミットメントが関係継続意向に影響するモデルを事

図2-4 ┃ 多次元的コミットメント・モデル

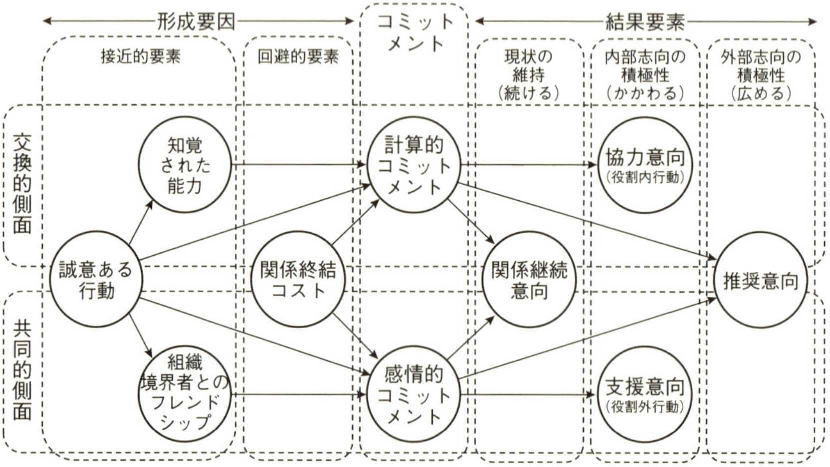

出所：久保田，2012

業者・消費者間取引と事業者間取引に適用して検証したところ，いずれも各指標で高い適合度が認められる結果が得られている（ibid., pp.213-216）。

多次元的コミットメント・モデルは，「共同的－交換的関係論」（Clark & Mills, 1979）に依拠し，各要素を串刺しして「交換的」と「共同的」に区分している。共同的－交換的関係論では「交換的関係」を，互酬の規範にもとづいて提供された便益に応じて見返りとして便益を提供する関係であると規定する。もう1つの「共同的関係」は，共同体的な原理にもとづいて見返りを求めず相手の必要に応じて便益を提供する関係性をいう。交換的関係と共同的関係の概念は，計算的／感情的コミットメントだけでなく，KMVモデルの信頼とコミットメントとの照応も想定可能だろう。クラーク＆ミルズは，交換的関係と共同的関係の概念は他の関係概念，短期的／長期的，利己的／利他的，片務的／相互的の区分に集約されないと説明し，人の社会的な関係性のあり方の，全体像を把握する理論であると述べている（Clark & Mills, 2012）。多次元的コミットメント・モデルが構造的な理解が容易で検証結果が高い適合を示す優れたモデルであるのは，このような包括的な社会理論の適用が貢献しているだろう。

一方で多次元的コミットメント・モデルは，取引主体の適用範囲の限界が指摘できる。このモデルはBtoC取引ではサービス財である美容室とスポーツクラブを対象とした調査で検証されている。サービス財の取引は生産と消費の不可分性の特性（Parasuraman et al., 1985）により取引主体の対面関係が前提であり，消費者は売り手との人格的な相互作用の機会がある。そのためモデルの形成要因の「誠意ある行動」や「フレンドシップ」が感情的コミットメントに影響して，顧客は売り手に心理的な絆をもち，関係終結の際には負担の意識が起きるだろう。これに対して本書が対象とする一般消費財の取引の多くは小売を介した間接取引であり，顧客は事業者との直接接触的で人格的な対面関係を経験しない。こうした一般消費財の取引関係の特徴を，多次元的コミットメント・モデルは十全には説明できないと考えられる。BtoCの一般消費財の持続的購買関係を検討する際には，直接に事業者の誠意やフレンドシップを経験しない顧客に，持続的購買に向かう態度がいかに喚起されうるかが明らかにされなければならない。

関係性マーケティング論

　和田（1998, 1999）は関係性マーケティングを，企業と顧客が双方向的対話によって価値を共創し，相互支援者として融合した継続的な関係を成立させるものとして説明している。和田の述べる融合関係とは，密な相互作用のうちに顧客に生じる共感のような感情を基盤に，企業と顧客が非対称的な関係ではなく，相互支援を行う共同主体として商品の価値を共創する，長期継続的な関係であると説明される（和田, 1998, pp.95-98, pp.208-213）。

　関係性マーケティング論の意義の１つは，直接取引と間接取引を区分して，間接取引における関係形成のプロセスを分析した点にある。企業と顧客が場を共有するサービス財・生産財・流通の取引は，対面の直接接触的な場で相互作用が行われる（ibid., p.101）。一方，物理的な場の共有がない間接取引の一般消費財では，まず一方向的なコミュニケーションで初回購入へと誘導し，その後は消費場面での直接接触関係にない取引主体間のコミュニケーションを通じて融合関係が確立する。関係性マーケティング論では，間接取引での主体間の関係の成立過程が「サントリー・オールド」のケースで示されている。企業側がメディアや店頭から商品の意味を表出し，顧客側はそれを消費場面で読み取って生活文脈に合わせて読み替える。顧客が読み替えた意味を企業側が読み取り，自らが望む意味にすり合わせて再度顧客に提示する。この直接接触によらないコミュニケーションを通じて，取引主体間の持続的な関係が成立すると説明されている（ibid., pp.213-228）。商品の提供者と顧客による意味の読み取りの往還が，間接取引における関係性の育成に貢献しうるという関係性マーケティング論の指摘は，一般消費財の持続的購買関係を分析するうえで重要である。

　事業収支把握の視点では，和田は従来のマネジアル・マーケティングがとりがちな短期の損益計算，単年度収支のPL（Profit and Loss statement）志向を批判し，ロングライフブランド作りのために，5年，10年単位での長期視点に立ったROI（Return on Investment）志向による事業運営を提案している（和田, 1999, p.158）。この提起は，リレーションシップ・マーケティング全般にとって有益だろう。消費財の事業収益を，単発の購買の集積によるものである

と規定するならば（1節・式1），年次・四半期単位などのPLが重要成果指標となる。しかしロイヤルティ研究，リレーションシップ・マーケティング研究は，単年度にとどまらない顧客との持続的な購買関係を対象として，事業収益を顧客の反復購買によって得るものと捉える（式2）。特に関係性マーケティングが指摘した2段階，「ツーステージ」のコミュニケーションにおいては，初回の購買に誘導する初期投資，2回目以降の購買にかかわる販管費が区分できる。一般消費財の持続的購買を捉える際には，単年度の収支ではなく，初回購買獲得の投資を2回目以降の購買による収益で回収していく，複数回購入を前提としたROIのモデルで把握するほうが適しているだろう。

　このような意義をもつ一方で関係性マーケティング論には，主体間の融合した関係性を目標とする点に限界があると考える。確立した関係性マーケティングにおいて企業と顧客は相互に「他者」ではなく，融合し一体化した相互支援関係にあると述べられている（ibid., p.73）。確かに顧客の関与が高いタイプのサービス財，和田が例示した密な相互作用がある劇団やアーチストのようなコンテンツ商品では，企業と顧客が一体といえる関係となる場合がある。しかし消費者の視点からみれば，日々の生活は無数の財によって構成されており，また人は事実として社会生活の場で多くの他者，無数の事象と関係をもつ。そのなかで人の関与のリソースは限られており，それぞれの商品の提供者と融合した関係はもてない。間接取引の一般消費財の例として示されているサントリーの場合で顧客は必ずしも，企業と融合関係にあるとの意識はないと考えられる。密な相互作用のない間接取引の顧客と事業者は，一般に商品の売り手と買い手の非対称な関係にあり，顧客の多くは，売り手と一体化した共同主体の関係にはないと捉えるべきだろう。

リレーションシップ・マーケティングの拡張

　消費者の購買行動把握の精度が高まるにつれて，一般消費財ブランドの実践課題も，顧客の購買行動から行動の背景にある顧客の意識，および購買外行動にいっそうシフトする。デジタルメディアを駆使し，ブランドの意思・パーパスを明確に自己表現して，顧客との持続的購買関係を形成するD2Cビジネスの2010年代以降の台頭もその表れである。研究においてもリレーションシップ・

マーケティングが把握してきた信頼・コミットメント・愛着などの顧客マインド内にある構成概念への関心がいっそう高まり，深化している（菅野，2013，新倉，2023など）。これらの動向は，リレーションシップ・マーケティングの変化というより，その深化と領域拡大，マーケティング全般との融合が進んでいると捉えられるだろう。

3 顧客エンゲージメント研究

顧客の購買外行動と相互作用

事業者と顧客との関係を対象とする顧客エンゲージメント研究は，2000年代後半以降でさかんになった。エンゲージメントは組織研究で使われる概念（Organ et al., 2005）だが，マーケティング研究ではリレーションシップ・マーケティングの拡張の1つであるとも位置づけられる（たとえばVivek, 2009, Kumar et al., 2010）。この分野の研究課題を例示したMSI（Marketing Science Institute）は顧客エンゲージメントを，顧客のブランドや企業に対する購買を超えた行動の発現（MSI, 2010, p.4）と定義している。これを踏まえて本書では顧客エンゲージメントを，持続的購買をともなう事業者に対する顧客

表2-1 ┃ 顧客エンゲージメントの研究課題

① 企業は，エンゲージメントに対する顧客の選好をどのように測定し，評価すべきか。
② どのような条件下で企業は，顧客エンゲージメント施策でロイヤルティを高めうるか。
③ エンゲージメント施策の経済的価値を，企業はどのように評価できるか。
④ 顧客間の相互作用が顧客の購買行動に及ぼす影響に，製品特性，チャネル特性，リレーションシップ，市場特性がどのように関係しているか。

出所：MSI, 2010

の購買外行動と定義する。**表2－1**のMSIの研究課題の例示にある顧客エンゲージメント施策は，購買外行動の促進を通じて，顧客との持続的な購買関係を形成する施策であるといえる。

　顧客エンゲージメントへの注目の背景には，2000年代後半以降のインスタグラム，LINE，TikTokほかのSNS・ソーシャルメディアを中核としたオンラインコミュニケーションの普及がある。たとえばフェイスブックは2003年に一般公開されて2010年には月間アクティブユーザー数が5億人に達し，Googleを超えて世界でもっともアクセスされるサイトとなった。X（旧Twitter）は同じく2006年に開設，2011年に月間アクティブユーザー数が1億人を突破した（大向，2015）。日本でのソーシャルメディア利用率は全年代層で80.8%（総務省，2024）にまで達して，ソーシャルメディアは，顧客との関係を検討する際には留意せざるを得ない存在となっている。ソーシャルメディアによる影響を顧客エンゲージメントの視点からみると，顧客のフィードバックのハードル低下と，顧客間コミュニケーションの促進，および相互作用の観察可能性の増大の3点があげられるだろう。

　1点め，顧客の側から事業者へのフィードバックは従来，電話やメール，イベントへの参加ほかの手段を通じて実践されていたが一般の顧客にとってはめんどうで，相互作用への参加は容易ではなかった。ソーシャルメディアの登場により顧客は「いいね」や，シェア，コメントの簡易なエンゲージメント行動が実践できるようになり，売り手との相互作用が以前より容易に実践できるようになっている（中川ほか，2013）。このメディア環境の変化によって，間接販売の一般消費財のメーカーの側にとっては，直接的な対面の関係がとりにくかった顧客との経常的な相互作用の往還が現実的になったといえる。

　2点め，顧客のエンゲージメント行動は事業者－顧客間だけでなく，商品にかかわって顧客同士で実践される行動，顧客間の相互作用の実践に広がった。顧客間の密なコミュニケーションは，コミュニティと呼ばれるほどのまとまりをもつ。事業者側による従来からのコミュニティ構築は，資生堂の花椿会（藤岡，1999）や，ハーレー・ダビットソン（Fournier et al., 2000）の例があげられる。スポーツや演劇，音楽のようなコンテンツ商品のファン集団は，顧客側の自発的な側面が強いコミュニティの事例にあたる（和田，2013）。こうした

顧客コミュニティはソーシャルメディアの台頭以降，より自生的になり拡大している。ムニッズ＆オギンは2000年代初頭に同類意識を背景とした顧客間の密な相互作用が，オンラインネットワークによって地理的な制約を越えて成立していると報告している（Muniz and O'guinn, 2001）。ブロディらは，**図2－5**のような事業者と顧客との関係が形成されるエンゲージメント・プロセスを示す（Brodie et al., 2013）。特定の商品に関心をもった消費者は顧客コミュニティに到達して，商品の提供者・商品についての知識の学習や社交，さらに商品を事業者と共創する共同開発のエンゲージメント行動に参加する。コミュニティ内のプロセスの帰結として，商品とその提供者との気持ちのつながりや信頼とコミットメントの態度が参加者に喚起される。コミュニティでのエンゲージメント行動の反復につれて参加者の商品，事業者との関係はいっそう深まり，事業者との持続的な購買関係が形成される（ibid., pp.110-112）と指摘されて

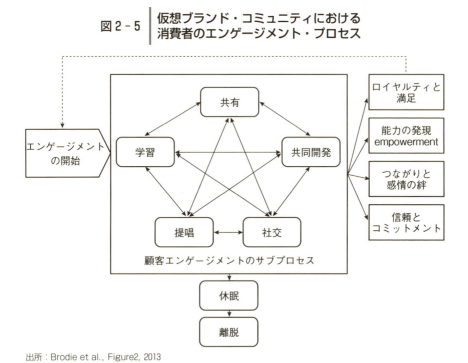

図2-5 仮想ブランド・コミュニティにおける消費者のエンゲージメント・プロセス

出所：Brodie et al., Figure2, 2013

いる。

3点め，ソーシャルメディアよる事業者と顧客の双方向コミュニケーションは，従来の電話やメールのチャネルとは違い，オーディエンスに公開されているという特徴がある。ソーシャルメディアに加えてアマゾンを代表とするECモール，Yelpや＠コスメ，価格コムの評価サイトでも商品レビューが投稿される。ソーシャルメディア以降の顧客は，事業者の商品や自己表現へのフィードバックを，同時に他の消費者に向けて発信している（安藤ほか，2014）。従来メディアでは売り手と個別顧客との相互作用は他者からは遮蔽されていたが，ソーシャルメディア以降は，顧客のエンゲージメント行動に対して事業者がどのように対応するのか，その振舞いのようすが，相互作用を実践しない消費者の視線に広く晒されるようになった。ソーシャルメディア以降の顧客との相互作用の観察可能性の拡大により，事業者は，特定の顧客とのやり取りの振舞いを，他の多くの顧客が観察しているという事実に留意しなければならなくなっている。

エンゲージメントの価値を評価する

コミュニティをはじめとする顧客エンゲージメントによって商品の提供者側が望ましい成果の帰結を得ようとするなら，各種の施策への投資が必要になる。消費者の観察の視線に留意しつつ事業者は，顧客のフィードバックへの応答，顧客コミュニティ参加，有益な情報提供や適切な社交の実践，商品開発の機会提供ほかの施策に費用を投じることになる。そこで事業者にとってのエンゲージメント行動の価値の分析，投資効率の測定の問題意識が生じる。顧客との持続的な関係性によって生まれる価値を測定する指標としては，顧客生涯価値・LTVがある。LTVはもっとも単純には式3のように，一定期間の累積客単価と利益率に，購買関係の継続期間を掛けた式で示せる。LTVは収益予測や顧客の区分に用いられ，客単価，利益率，顧客維持コスト，購買持続期間，割引率ほかの変数に，最終購買からの期間，購入頻度，購入商品，購入チャネルの購買行動を組み合わせて1人あたりの利益が算定される（Blattberg et al., 2009）。

関係性マーケティング論（和田，1998）は事業評価指標のPL志向からROI志向への移行を提起していた。同様にラストらは短期的な指標による事業評価か

> 式3. 単純なLTV算出式
>
> LTV = 単位期間あたり客単価 × 利益率 × 継続期間

ら，継続購買によって得られるLTV指標による評価に移行しなければ事業の将来は危ういものなると指摘する（Rust et al., 2010）。事業主体が事業の存続と成長を望むのであれば，持続的な事業成長は顧客との持続的購買関係が生む利益によって得られるという認識が必要だろう。

　LTVは直接的には顧客の購買行動によって蓄積されるが，購買外の顧客エンゲージメント行動がいかに価値を生むかについての研究が展開されている。クマールらは顧客が生み出す総価値を評価するには，LTVを拡張して顧客エンゲージメントの総体から得られる価値を捉えなければならないと指摘する（Kumar et al., 2010）。さらに総合された価値を顧客エンゲージメント価値・CEV（Customer Engagement Value）と呼び，CEVを上位概念としてLTVを含めた計4つの価値によって構成される「CEVコンセプト」（**図2-6**）を示した。CEVコンセプトは顧客の行動，態度，ネットワークによって4つの価値が生じ，総合的にCEVに集約される構成となっている。顧客紹介価値は顧

図2-6 ┃ CEVコンセプトと測定

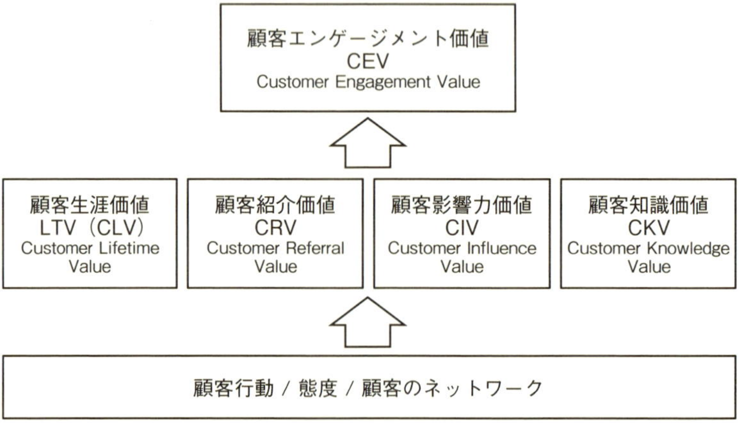

出所：Kumar et al., 2010, Figure1, 筆者一部改

客にインセンティブを提供して新規客を獲得する施策（Chan et al., 2014）として実践されている。顧客影響力価値は，顧客の他者への情報発信の購買外行動によって生じる価値である。顧客の他者への影響の研究は1960年代からあるが（Rogers, 1962, Bass, 1969），ソーシャルメディアの普及で影響範囲が拡大した。顧客知識価値は，顧客の経験による知識を商品開発に反映させる価値であり，近年ではBtoC企業がコミュニティやコンテストほかの施策を実践し，商品開発に顧客が関与する例は増えている。これらを総合した顧客エンゲージメント価値・CEVは，それを構成する4つの価値がそれぞれ最大化されたときに最大化することができる（Kumar et al., 2010, p.315）と述べられる。そして，顧客の購買行動によるLTVの価値だけでなく，エンゲージメント行動によって生まれる価値を含めた包括的な評価が必要だと結論づけている（ibid., p.317）。

顧客エンゲージメント研究の限界

　顧客側の積極的な行動を捉えるエンゲージメント研究には，持続的購買による事業成長を捉えるうえで2点の限界があると思われる。1点めは顧客エンゲージメントの価値の捉え方についての疑念である。**図2-6**のCEVコンセプト（Kumar et al., 2010）では，LTVが購買外行動の諸価値と並立する関係に位置づけられている。エンゲージメント行動の定量的な実証研究（山本, 松村, 2017）においても，顧客エンゲージメントの，LTVで計測される経済的価値以外の価値の重要性が主張されていた。ただ，購買外行動の研究が事業の経営意思決定に資するものであるなら，顧客のエンゲージメント行動の評価は，持続的購買の経済的な成果で事業が目的とする利益の指標である顧客生涯価値・LTVに帰結する必要があるだろう。CEVコンセプトであげられた諸価値は，**式4**のように顧客あたりの初回購買の獲得費用であるCPO（Cost per Order）控除の項を付与すれば，LTV計算への包括的な組み入れが可能である。CPOを重視しないLTV研究も多いが，実務上でLTVと並ぶ最重要成果指標である。LTVへの影響が大きいCPO控除はエンゲージメントの価値評価上でも必要な操作であるといえる。LTVとCPOの関係については第4章でさらに検討する。

　エンゲージメント価値のうち顧客紹介価値と顧客影響力価値は主にCPOの

> 式4．CPO控除項を含むLTV算出式
>
> LTV ＝ 単位期間あたり客単価 × 利益率 × 継続期間 － CPO

低減に影響し，顧客知識価値は主に客単価と継続期間の向上に寄与すると捉えれば，LTV計算に包含できる。一般消費財の事業において顧客エンゲージメント行動は即自的な価値をもつものではなく，顧客の持続的購買によって生じる経済的な価値に帰結する位置づけで捉える必要があると考える。本論では顧客エンゲージメントではなく，顧客の購買行動を方向づける顧客の持続購買意向を帰結に置くこととする。

　もう1点は購買外のエンゲージメント行動に参加する顧客の比についての疑問である。ブロディら（Brodie et al., 2013）が分析した顧客コミュニティとエンゲージメント行動は確かに，参加した顧客と事業者との持続的な購買関係を形成する機能をもつであろう。しかし一般消費財においてエンゲージメント行動をとる顧客の比はどの程度であろうか。成功した顧客エンゲージメントの実例で簡単に確認しよう。

　関係性マーケティングの研究でも例示された，無印良品における顧客コミュニティと顧客の商品開発参加は，顧客エンゲージメントの活用の国内での代表的な事例といってよいだろう。無印良品の顧客のうち，属性が取得された「MUJIパスポート」会員は2,450万人（良品計画, 2021）にのぼる。無印良品の顧客エンゲージメント行動を，ソーシャルメディアへの反応でみる。同社のインスタグラムの公式アカウントのフォロワー数は2020年時点で282万人で，会員に対して11％，フェイスブックのフォロワー数は103万人で4％と，同社ソーシャルメディアはそれなりに会員に受容されている。ではMUJI会員はエンゲージメント行動を実践しているか。投稿に対する「いいね！」の付与は，もっともハードルが低いエンゲージメント行動であるが，その反応をフェイスブックの公式アカウントの投稿で確認した（2022年2月11日－3月14日まで31日間，53件）。投稿あたりの「いいね！」は最大で約5,400件で，エンゲージメント行動率は会員数対比で0.1％に届かない。1ヶ月の延べ反応数の約43,000件なら，ようやく0.2％になる。無印良品は顧客と共同で商品開発を行う場と

して，コミュニティサイト「IDEAPARK」を設定している。これはエンゲージメント行動のうちクマールらのいう顧客知識価値が表出される場になる（**図2-6**）。そのコミュニティのなかで，2014年から2022年の8年間でもっとも参加者が多い商品開発トピックには352件の「良いね！」が付与されている。そのトピックへのコメント，顧客の情報発信数は26件だった。コミュニティでの商品開発に自発的にエンゲージメント行動をしている会員の比は，やはり0.01％にも届かない程度である。

　無印良品のケースで顧客のエンゲージメントの参加比を簡易に確認したが，さらに調査による検証が必要だろう。一般消費財の事業者の側が，LTV・顧客生涯価値を向上させるうえでエンゲージメント施策をどう捉えているかを，D2C事業を対象とした第4章の調査で確認したい。顧客の側の，エンゲージメント行動の実践比は第6章の調査で明らかにする。また，無印良品の例がそうであるようにエンゲージメントを実践する顧客が少ないのであれば，事業者とのインタラクションを実践しない多数の側の顧客は，いかなる作用で商品を繰り返し購入する持続的な購買関係にいたるのかは不明である。エンゲージメント行動以外の，持続購買意向を喚起する要因がなんであるかを，特定しなければならない。

第**3**章 地域産品の現状と
可能性をどう捉えるか

　地域産品は多くの場合，地域外の消費者への販売が十分に考慮されずに開発
されると指摘されている（木下，2016）。また，もの珍しさで1回は購入され
ても持続的な購入が得られにくく（鈴木，2017），地域内の販売にとどまれば
持続的な購買関係は難しい（田村，2011）という問題もあげられる。地域産品
の事業者が事業成長を望むなら，域外の消費者との持続的な関係を形成しなけ
ればならない。地域産品が消費者に広く支持され，持続して購入されるように
なれば，その事業の成長によって地域の産業を振興し，雇用を創出する役割を
果たせるだろう。しかし地方が届ける一般消費財，地域産品の事業は顧客の反
復購入が十分に得られず，事業成長にいたらない例は多い。また地域産品にか
かわる既存の研究では，地域産品を購入する消費者の意識のなかで，どのよう
な要因がかかわって当該地域産品を続けて購入したいという意向が起こり，持
続的購買関係が形成されるのか，解明されていない。
　ここでは，公的支援を得た6次産業化の適用産品の現状を把握したのちに，
地域産品についての先行研究をレビューする。地域産品にかかわる地域ブラン
ド研究の分野では，青木（2008），村山（2005，2007），小林（2016），田村
（2011）ほかの研究がある。それらを概観したうえで，地域産品の持続的購買
関係の形成に関して，既存研究の成果と限界を示す。

1　地域産品と地域ブランド

　本章では消費者が地方から購入する1次産品以外の一般消費財のうち，地名
や地域についての消費者の知識を利用して販売される商品を「地域産品」と呼

ぶこととする。2次産品は製造過程を地域内にもつことにより地域が得られる付加価値を高められる。また1次産品よりも差別化が図りやすく，消費者を特定商品への反復購買へと誘導しやすい。本章でいう地域産品を例示すると，薩摩白波，稲庭うどん，伊賀の天然水，今治タオルは商品名にも地名が組み込まれた地域産品である。松尾ジンギスカン（北海道），崎陽軒のシウマイ（横浜），柿右衛門（有田）は，商品名に地名はないが，地域についての消費者の知識を利用して販売されていることから，ここでいう地域産品である。ヤマキめんつゆ（愛媛県伊予市ほか），シマノの釣り具（静岡県伊豆市ほか）は地方で製造される一般消費財だが，販売に地名や地域の知識が利用されないため地域産品ではない。

　地域産品を対象とした既存研究では，地域ブランド研究が消費者の地域についての知識を利用した地域産品の商品開発の有効性を指摘している。しかし，商品開発後の域外の消費者への商品の市場導入については十分に検討されておらず（田村，2011），かつ需要側との関係性に着目した研究は乏しい（青木，2017）と指摘されている。地域産品が観光販路をはじめとする地域内での販売から，域外への一般販路へと展開すれば，小売等を通じた間接取引に移行する。地域産品の事業成長のために事業者は，産品の域外市場への導入に取り組んで，直接に相対しない消費者の購買意向を起こさなければならない。では既存の地域産品の取組みは，市場導入に成功しているのか，6次産業化の認定を受けた産品のデータで現状を確認する。

2　地域産品の成長限界

　地域の産業は雇用を生んで住民の暮らしをささえ，地域の維持と発展に寄与する。地域が販売する一般消費財である地域産品は，地域の産業の1つとして地域振興に貢献しうるだろう。各地の地域産品の事業は，十分な成長を遂げて実際に地域振興に貢献しているのか，6次産業のケースを対象に現状を分析する。2011年に施行された「6次産業化・地産地消法」で6次産業は，1次，2次，3次産業の総合的かつ一体的な推進を図り付加価値を生み出し生産者と消

第3章　地域産品の現状と可能性をどう捉えるか　33

費者との結びつきを強めて，地域産業の振興，地域の活性化を目的とすると位置づけられる。6次産業には飲食ほかのサービス業，業務用の加工品製造も区分されうるが，今回分析したケースでは，いずれも物財を消費者に販売する地域産品の取組みがなされていた。6次産業は法の施行から10年以上が経過し，2022年末で2,622件の認定事業が全国で取り組まれて，主要事例の成果データが公表されている。これらから，地域産品の事業が期待される成長を実現し，地域の産業振興に貢献する目標が達せられているかどうかの現状分析に，6次産業のケースは適している。

　6次産業認定事業のうち，付加価値の高いビジネスを行っていると認められた「優良事例」の83件が，『6次産業化の取組事例集』（農林水産省，2021）にまとめられている。事例集で取り上げられたケースの多くには各事業の実践内容の記述のほか，事業の現状を示す定量データが含まれている。紹介されたケースのうち63件の事業で，6次産業による年商，雇用増数，事業の経過年のデータが取得できた。ここでは各ケースの6次産業事業開始後の売上の増分を6次産業による年商，雇用増分を6次産業による雇用増と捉えている。**表3-1**に集計したデータの概要を示す。

　地域産品を加工，販売する63件の優良事例において，合計で107億9,000万円の年商，971人の雇用増の成果があった。1件あたりでみると平均年商が約1億7,100万円で，15人の雇用を生み出している。1次産品から地域産品を製造して販売する事業が，全体として地域の産業振興と雇用拡大に対して貢献しているといえる。ただし中央値をみると年商は7,000万円，雇用増は8人で平均値よりかなり低く，事例には小規模な事業が多く含まれていることがうかが

表3-1 ｜ 6次産業63件の実績

変数	年商（百万円）	雇用増（人）	年成長率	経過年
平　均	171	15	35%	8
最小値	1	0	1%	1
最大値	2,800	118	466%	30
中央値	70	8	11%	7
合　計	10,790	971	－	－

出所：農水省，2021より作成

える。そこで63事業を中小企業統計，中小企業基本法で用いられる人員数による事業規模で区分すると。小規模企業区分に分類される19人以下の雇用者増が得られた事業が48件で，全体の約4分の3と多数を占めていた。これら小規模企業区分の地域産品の事業の平均年商は6,500万円で，雇用増は6人にとどまる。

さらに年商規模別，雇用増規模別の事業者数および，年商・雇用増の上位累積構成比を算出し，グラフに示す（図3-1，図3-2）。全体の成果の1つである年商計の107億9,000万円の4分の1は，6次化産業による28億円の売上があった1件（馬路村農協・高知県）によるものであり，2分の1は年商4億円以上の63件中の6件が担う。6次産業化のもう1つの成果である雇用増971人のうち4分の1は，50人以上を雇用した3件の事業によるもので，2分の1は雇用増上位の63件中の8件が担っていた。

事例集のケースは，全国2,622件の認定事業のうち「優良」とされた事業で

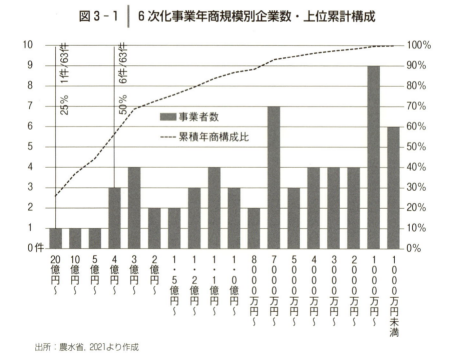

図3-1　6次化事業年商規模別企業数・上位累計構成

出所：農水省, 2021より作成

あることから，それ以外の地方の各事業者が開発し販売している地域産品は，やはり多数が小規模な事業のままにとどまっていると推定される。6次産業の認定事業（2020年末）は927の区市町村にあり，自治体あたりの事業者数は平均2.8件となる。小規模企業区分の事業者数は全国で約305万件（中小企業庁，2016）であり，1つの自治体には平均1,700件以上の小規模企業が存在する。そのなかで，6次化事業によって域内に生じた3件程度の事業が小規模企業の範囲にとどまるのであれば，地域産品による地域産業振興への貢献は限定的だといえる。事例集で取り上げられた6次産業認定事業は，地域の振興に貢献している。しかし産業振興・雇用創出の成果は，**表3-2**にあげた，ごく少数の年商約4億円以上または雇用増約40人以上の規模の事業者が担う比が大きく，事例の4分の3は，取組みの平均経過年8年で，小規模企業の域の成長段階にあることが分かった。

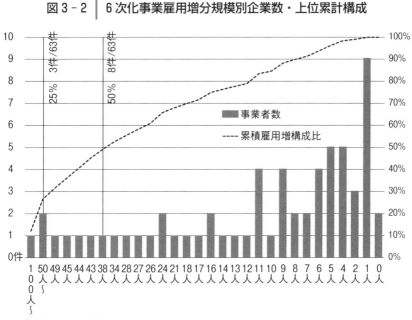

図3-2 6次化事業雇用増分規模別企業数・上位累計構成

出所：農水省, 2021より作成

表3-2に示したうち高知県の馬路村農協は，人口737名の村で6次産業に取り組み，ゆずを加工した地域産品の，DMなどによる顧客への販売と量販店での販売による域外市場への導入を進めた。そのマーケティング活動の結果，全国の消費者と結びついて反復して選ばれるようになり，年商28億円の事業が生まれて，地域の産業，雇用をささえている。同事業の活動で，ゆずの代表的な産地として高知県が知られたことが寄与し，近隣の北川村，安芸市，香美市でゆずの栽培面積は広がった。高知産ゆずの出荷量は，2006年の7,200tから10年後の2016年には1万3,200tへと1.8倍に増加した。全国のゆず出荷における高知のシェアは過半の55％となって，近隣の地域にも同事業者の活動の波及効果が広がった（大蔵, 1998, 岩永, 2020）。

表3-2 年商・雇用増上位8事例

事業者名/所在地	年商(増分)：百万円	雇用増：人	商品/チャネル	取組内容
馬路村農業協同組合 高知県安芸郡馬路村	2,800	72	消費財 卸・小売	青果出荷が困難なゆずを有効活用するためジュース・ポン酢しょう油等を製造，販売。
(有)舟形マッシュルーム 山形県最上郡舟形町	1,170	118	消費財・業務用 直売・小売・食堂	自社生産のマッシュルームを活用し，水煮やうま煮等のほか，業務用のマッシュルームパウダー，エキスなど多様な加工品を製造・販売。
(株)いちごの里ファーム 栃木県小山市	810	44	消費財 小売・食堂	いちごを中心とした体験・観光農園のほか，自社農産物を活用したレストランや，加工品の製造販売を展開。
(株)内子フレッシュパークからり 愛媛県喜多郡内子町	481	68	消費財 小売・食堂	内子町産じゃばら，もち麦を2本柱とした「からりブランド」の食品（じゃばらサイダー，もち麦うどん，もち麦大福等）を製造販売。
(株)オキス 鹿児島県鹿屋市	417	49	消費財・業務用 卸・直売・小売	大隅半島で生産する農産物「薩摩の恵」を用いて，乾燥野菜や雑穀加工品等を製造・販売と輸出に取り組む。
中札内村農業協同組合 北海道河西郡中札内村	403	45	消費財・業務用 卸・直売	消費者対象に「冷凍むき枝豆」を販売，中札内村の枝豆の知名度を上げ枝豆商品全体の売上拡大を図り地域所得の向上，雇用創出を実現している。
(株)ひこま豚 北海道茅部郡森町	210	38	消費財・業務用 卸・直売・小売・食堂	自社グループで生産した豚肉を「北海道育ちひこま豚」ブランドとして確立し，飲食店で提供するとともに精肉，加工品を店頭販売する。
(株)未来農業計画 長野県長野市	47	43	消費財 直売・小売	特産のブルーベリーを活用したコンフィチュール等の製造・販売。ハイヒールでも楽しめる観光農園の運営。

出所：農水省, 2021から筆者作成

6次産業化の政策は，顧客との結びつきによる地域の振興を目的としていた。各地の地域産品の事業が同様の目的をもち，馬路村の事業のように地域外の顧客との関係を確立して，地域産業の振興，地域の活性化の役割を果たすことを目指すのであれば，事業者は産品の市場導入に積極的に取り組んで，いっそうの事業成長を遂げる必要がある。そのために地域産品の事業成長は，どのような要因がかかわるのか，どのような実践によって可能なのか，明らかにされなければならない。まずは地域産品についての既存の研究の蓄積を確認する。

3　地域ブランド研究

地域ブランド研究は，地域産品と地域ブランドの価値向上の循環の構造を捉えてきた。地域ブランドの確立過程について，青木（2008）は**図 3-3**に示した地域ブランディングの循環モデルを提起している。そこでは，①当該地域の自然，歴史・文化を含む「地域性」を利用して，農水産物・加工品・商業・観

図 3-3 ｜ 地域ブランディングの基本構図

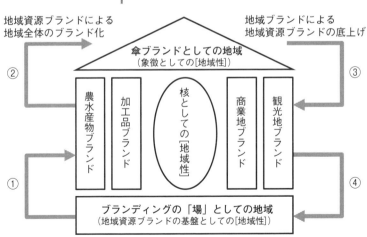

出所：青木, 2008

光の地域資源のブランド化が進められ，②ブランド化された地域資源によって地域ブランドが確立する。③確立した地域ブランドの後光効果により資源ブランドが強化され，④各資源ブランドが実質的な経済的価値を地域にもたらしていく。同様の循環構造についての指摘は他の地域ブランド研究にみられる。現に村山（2005, 2007）は地域産品と地域ブランドがフィードバック関係をもつことで互いに強化されていくと指摘し，小林（2016）は地域ブランドと地域産品ブランドの有機的な相互の結びつきを指摘している。このように既存の地域ブランド研究においては地域産品と地域ブランドの循環的な構造は共通した認識であると考えられる。

4　地域ブランディングとブランド知識

　ここでは地域ブランド研究をブランド研究のCBBE（Customer Based Brand Equity）論，特にそのブランド知識概念と関連づける。AMA（American Marketing Association）はブランドを，「ある販売者の商品・サービスを他の販売者と区別して識別するための呼称，用語，デザイン，シンボル，またはその他の特徴」（AMA, 2017）と定義している。この定義ではブランドの機能が識別のレベルであり，マーケティング上の積極的な意義が明らかではない。そこでAMAは追記して「ブランドは無形資産であり，ステークホルダーのマインドに独特の印象と連想を生み出して経済的利益・価値を生み出すことを意図するものである」と補完する。追記はブランド・エクイティ論，ことにケラー（Keller, 2008）によるCBBE論に依拠すると考えられる。

　CBBE論によるブランド関連の諸概念のなかで，対象についての知識である「ブランド知識」は中心概念である。ブランド知識は，商品自体や関連する情報との接触で消費者のマインドに蓄積される商品と商品の提供者についての知識のつらなりである。ケラーは消費者の態度や行動の反応は，対象について「見聞きし，感じ，知ってきたものから生まれている」（ibid., p.51），「ブランドは消費者のマインド内に存在する」（ibid., p.12）と述べる。消費者のマインド内に商品・事業者についてポジティブでユニークな知識が蓄積されれば，事

業者にとって有利な反応を起こす。ポジティブな知識によるマーケティング上の主な利点は，商品の知覚品質および価格の向上，ブランド拡張機会の増大，そして顧客との持続的な購買関係の形成である。

各地の地域ブランド知識の内容を調査した岩永（2018）は，高知を例として**図3-4**のように地域ブランド知識と地域産品のマーケティング上の有利な消費者の反応との関係を示している。ブランド要素である「高知」の地名を提示された消費者は，そのマインド内から人名，地名，産品，個人的な記憶ほかの内容の地域についての知識を想起する。その地域ブランド知識が，地域に対する消費者の態度，行動を引き起こす役割を果たす（ibid., p.18）。

海外の地域ブランド研究では，直接にCBBE論に依拠して研究を展開したパイク（Pike, 2021）が，地域のマーケティングのためのブランディングの3段階を示している（**図3-5**）。パイクの3段階は，まず地域の側が望ましい地

図3-4 地域ブランド知識の形成と役割

```
┌─────────────┐   ┌─────────────┐
│   情報接触   │   │   商品接触   │
└─────────────┘   └─────────────┘
        │                 │
        ▼                 ▼
┌─────────────────────────────────────────────┐
│              消費者のマインド                  │
│  ┌───────────────────────────────────────┐   │
│  │         【高知のブランド知識】           │   │
│  │ 坂本龍馬・カツオ・桂浜・四万十川・土佐・   │   │
│  │ はりまや橋・よさこい・四国・カツオのたたき・│   │
│  │ うどん・土佐犬・高知城・広末涼子・足摺岬・ │   │
│  │ 皿鉢料理・阿波踊り・ピーマン・室戸岬・ゆ   │   │
│  │ ず・なす・生姜・酒・はちきん・闘犬・朝市・ │   │
│  │ 土佐市・みかん・ひろめ市場・土佐清水・明徳 │   │
│  │ 義塾・田舎・土佐藩・いごっそう・文旦・南国 │   │
│  │ 土佐を後にして・高知龍馬空港・台風・日曜   │   │
│  │ 市・岬・川・四万十市・高松・けんぴ・レタス・│   │
│  │ 柑橘類・安芸・黒潮・カツオが美味しい・す   │   │
│  │ だち・アンパンマンミュージアム・野菜・牧野 │   │
│  │ 植物園・大歩危小歩危・須崎・暑い・足摺・太 │   │
│  │ 平洋・西原理恵子・道後温泉・鳴門の渦潮・西 │   │
│  │ 郷隆盛・土佐鶴・土佐弁・土電・土佐の一本釣 │   │
│  │ り・宿毛・酒飲み・砂浜・吉田類・美味しい・ │   │
│  │ 高校野球・塩たたき・おもてなし課・鰹節・ペ │   │
│  │ ギー葉山・うどん県・なすび・さんま・修学旅 │   │
│  │ 行先・南国・友達の家・鯨・大学での同級生が │   │
│  │ いる・新婚旅行で訪れた・方言・龍河洞・大皿 │   │
│  │ 料理・旅行地・大酒飲み・焼酎・南国市・沢田 │   │
│  │ マンション・日向夏・断水・・・・           │   │
│  └───────────────────────────────────────┘   │
│                    │                         │
│                    ▼                         │
│  ┌───────────────────────────────────────┐   │
│  │              【態度】                    │   │
│  │ 信頼・憧れ・価格プレミアム・心理的ロイヤル │   │
│  │ ティ・購入意向・訪問意向など，マーケティン │   │
│  │ グ上の価値をもつ商品に向かう態度。         │   │
│  └───────────────────────────────────────┘   │
└─────────────────────────────────────────────┘
                     │
                     ▼
         ┌─────────────────────┐
         │ 商品の積極的な選択     │
         │   購買・再購買         │
         └─────────────────────┘
```

出所：岩永, 2018, 一部改

図3-5　ブランディング開発の3つの構成要素

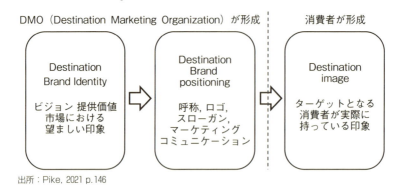

出所：Pike, 2021 p.146

域ブランドの意味を開発し，地域ブランド要素をともなう地域ブランディングのコミュニケーション活動を展開する。そしてターゲットの消費者に地域ブランド知識が蓄積することで，地域の商品が積極的に選択される構成となっている（ibid., p.184）。これらCBBE論を適用した内外の既往研究に現れているように，持続購買意向のようなマーケティング上で地域・地域産品にとって有利な消費者の反応を起こす原因となるのは，消費者のマインド内にある知識であると考えられる。

　パイクの3段階を踏まえて地域ブランド確立の段階にCBBE論の主要概念を適用すると，**表3-3**に示すような5つのステップに整理できるだろう。地域の側で望ましい地域ブランドの意味を開発するブランド構築（Step1）がなされる。ついで消費者を対象に，地名をはじめとするブランド要素と，ブランドの意味を定着させる地域ブランディング（Step2）の活動が，地域の主体の投資によって実践される。地域ブランディングと商品自体との接触により消費者のマインド内に，地域ブランド知識が蓄積（Step3）される。地域側のマーケティング活動と接触した消費者は，地名ほかのブランド要素をキーとして特定の地域産品を識別し，地域についての知識をつらなって想起（Step4）する。想起した地域ブランド知識がポジティブでユニークなものなら消費者は，持続的な購買ほかの，地域産品の提供主体のマーケティング活動にとって有利な反応（Step5）を起こす。地域ブランディングの循環が十全に作動する場合には，

第3章　地域産品の現状と可能性をどう捉えるか　41

表3-3 ｜ 地域ブランド確立の基本的な段階

提供者側の実践	Step1. 地域ブランド構築	地域の提供主体が，マーケティング活動上で望ましい地域ブランド知識の姿，地域ブランドの意味を開発する。
	Step2. 地域ブランディング	提供主体は消費者に対して，地域ブランド要素・地域ブランドの意味を定着させる地域ブランディングを実践する。
消費者側の反応	Step3. 地域ブランド知識の形成	ブランディングのコミュニケーションや商品との接触経験を通じて，消費者のマインド内に，地域ブランド知識が形成される。
	Step4. 地域ブランド知識の想起	地名・呼称などの地域ブランド要素に触れた消費者は，特定の地域産品を識別し，地域ブランド知識を想起する。
	Step5. マーケティング上で有利な反応の喚起	消費者は，想起した地域ブランド知識により，知覚品質の向上，反復的な購買など地域産品のマーケティング上で有利な反応を起こす。

　提供主体側のStep1とStep2の働きかけの実践に対して，消費者側でStep3の地域ブランド知識の蓄積からStep5までの反応があって，持続的な購買意向が起きる。

　このように確立する地域ブランドの一般のブランドとの原理的な違いは，中心となるブランド要素がブランド名ではなく地名であり，ブランド知識の対象が企業の展開する事業・商品ではなく，地域が対象となる点である。地名をともない，地域について蓄積されてきた消費者の既存の地域ブランド知識が"傘"となって，地域の産品や観光商品に広く後光効果をもたらし（青木，2008），マーケティング上の有利な反応を引き起こすことになる。この作用により，ブランディングを実践する一般の企業とは異なり，既存の地域ブランド知識がある地域の事業者はブランディングへの投資を免れうることになる。歴史的に形成されてきた消費者の地域ブランド知識は，それを利用してマーケティング活動を行なう地域事業者にとって直接的に有用な経済的価値がある，公共的な情報財としての性格があるといえる（岩永，2020）。

　以上のように捉えた地域ブランドと地域ブランディングは，地域産業の発展

に貢献しうる。一方で実践上においての制約が地域ブランディングの実現を阻む要因となる。この限界について，次節で検討する。

5　地域ブランディングの限界

　地域ブランドの確立において，**表 3 - 3** のStep1とStep2の地域ブランド構築と地域ブランディングを進める主体の問題，および地域ブランディングの原資の問題の 2 点が桎梏となる。**図 3 - 6** は，地域ブランド論が想定した循環を単純化したものである。地域の自治体ほかの公的な主体が，地域ブランドの意味を設計して，ブランディングのコミュニケーション活動を行うことで，多くの消費者に豊富でポジティブなブランド知識が共有された強い地域ブランドとなる。強い地域ブランドに価値付与された地域産品は，消費者に積極的に選択される強い地域産品になる。強い地域産品が市場で広まれば，その波及効果で地域ブランドの価値は，なお高まる。この地域ブランドの循環が十全に作用する

図 3 - 6　地域ブランディングによる地域ブランドと産品の価値形成循環

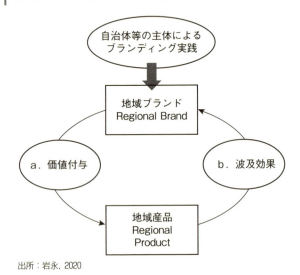

出所：岩永，2020

第 3 章　地域産品の現状と可能性をどう捉えるか　43

のであれば，消費者による地域産品の積極的な選択，持続的な購買が期待できる。

　しかし，ブランディング推進主体の多様性の問題があってその循環は必ずしも円滑に作用しない。地域ブランドと産品の循環を推進する主体として既存研究が想定するのは，自治体をはじめとする公的機関である。青木（2008）は地域ブランディングの主体として自治体や商工団体を想定し，地域ブランドの成否は主体的役割を果たす組織の意思とビジョンによって決まると述べていた。小林（2016）はやはり地方自治体に主体間の調整の役割を期待しながら，地域ブランド確立主体の多様性の問題を指摘していた。地域ブランドと同様の位置づけにある企業ブランドでは，商品ブランドと比較して関連するステークホルダーの多様性の特徴があり（Hatch and Schultz, 2003），企業ブランドの構築とブランディングは容易ではないと指摘されている。まして地域は企業とは異なり，地域内の主体間で目的は共有されておらず，全体を統制する指示系統のある組織体制をもたない（福田, 高橋, 2021）。調整を行う主体を自治体に特定できたとしても，地域ブランドの意味の開発段階から，さまざまな利害や関心をもつ，地域の多様なステークホルダーを抱えながら進めなければならない困難がある。

　地域ブランディングの原資の問題について小林（2016）は，自治体を確立主体とした地域ブランドはナショナル・ブランドと比較して，ブランディングに大きな投資をすることが難しいと述べる。名渕（2012）は，地域ブランドを定着させるには，広範な消費者に反復して情報を届けるコミュニケーション投資の必要があるが，自治体は資金が十分でないため地域ブランドの確立は困難であると指摘する。村山（2007）は，地域ブランドを広く消費者に定着させるブランディング投資の莫大さによる困難を指摘し，地域ブランディングは「出発点において，矛盾を内在させている」とまで述べる。地域ブランディングの主体を委ねられた自治体の855件を対象に実施した調査（経済産業省, 2014）によれば，実際に地域ブランディングがうまくいかない「もっとも大きな要因」として自治体があげたのは「予算が不十分」な点であった（**図 3-7**）。

　ブランディングの推進主体と原資の問題を克服しなければ，地域ブランディングの循環を通じた，消費者による地域産品の積極的な選択，持続的な購買関

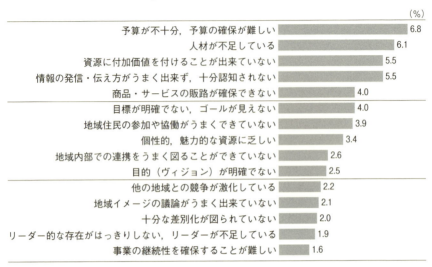

図 3-7　地域ブランディングの阻害要因

出所：経済産業省，2014より筆者作成

係の成立は難しい。村山（2007, p.5）は地域ブランディングの困難の構造を示した（**図 3-8**）。地域ブランドと地域産品の循環において、あらかじめ豊富なブランド知識が共有された強い地域ブランドと消費者に積極的に選択される強い産品があれば（第 1 象限）、地域ブランディングの主体は両者のフィードバック関係を強化すればよい。強い地域ブランドがあって産品が弱いのなら（第 2 象限）、地域ブランドを活用して地域産品を育成すればいい。地域ブランドが弱く産品のみが強い場合（第 4 象限）は、産品の強みが地域ブランドの強化につながるかどうかは疑問視される。さらに日本の多くの地域が置かれている状況は、いずれも弱い場合（第 3 象限）であると村山は指摘し、地域ブランドが弱い環境下では、ブランディング主体となる自治体の原資不足により、地域ブランディングの循環の作用を確立するのは困難であろうと示唆する。

　このような限界に対して既存の地域ブランド研究は、ブランディング以前の段階である地域ブランド構築の作業自体、地域におけるブランドの意味の開発段階に意義を見出そうとしている。小林（2016）は原資の不足を踏まえつつ、地域ブランディングの直接的な目的は必ずしも収益獲得ではないと述べる。ま

図3-8　地域ブランディングの困難と対応

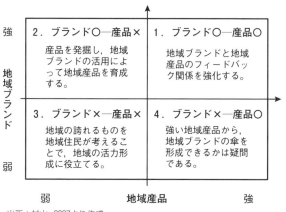

出所：村山, 2007より作成

た地域ブランディングを，地域に住む住民が地域の良さを見出して共有する実践であると位置づけて，地域ブランディングの上位目的は住民が誇りと喜びをもてる環境整備であると結論づける（ibid., pp.352-353）。村山（2007）は地域ブランディングの実践の困難を前提に，地域が誇れるものを探索し，その価値を言葉で表現して，ありふれたものに光をあてるブランド構築は，地域の活力を作り出すのには役立つと述べている（ibid., p.23）。このような地域ブランド構築の作業自体を目的に置く議論では，**表3-3**で示した地域ブランド確立の段階ではStep1にとどまって消費者のマーケティング上の有利な反応は得られない。**図3-3**の地域ブランドの循環構図では，資源ブランドの事業成長と，地域の実質的な経済的価値の成果があきらめられることになってしまう。

　こういった地域ブランディングの困難については，克服に向けての提起がなされている。田村（2011）は，既存の地域ブランド研究について，ブランド構築への言及は多い一方，地域産品の市場導入を実現する過程の研究が乏しい（ibid., p.4）と限界を指摘し，地域産品の持続的購買にいたる過程を分析した独自の市場導入論を展開した。岩永（2020）は，既存の地域ブランド研究が想定した自治体による地域ブランディングではなく，地域事業者による地域産品のマーケティング活動を起点とした地域ブランド価値の成長作用を検証し，公

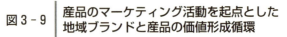

図3-9 産品のマーケティング活動を起点とした地域ブランドと産品の価値形成循環

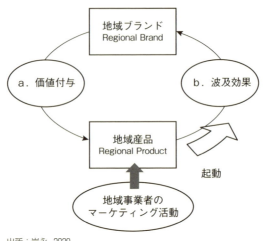

出所:岩永, 2020

的機関における原資不足の桎梏の回避は可能であると提起した（**図3-9**）。顧客の持続的購買による事業成長を目指すなら，ブランド構築の段階にとどまることはできない。われわれは，自治体による地域ブランディングではなく，事業者のマーケティング活動による，持続的購買関係の形成について明らかにしていく必要がある。

6　特異な顧客関係性の形成

　田村（2011）は，地域産品の事業者のアプローチにより，消費者が地域産品を反復購入する「特異な顧客関係性」が成立する過程を**図3-10**のように示した。地域内の取組みにより，事業者の主観的な「想い」が込められた地域産品が商品化され，地域外の市場で消費者と出合う。消費者は販売に付随するコミュニケーションに影響されながら地域産品への主観的な「想い」を生じさせる。地域側の想いはCBBE論でいう望ましいブランドの意味で，意味を解釈し

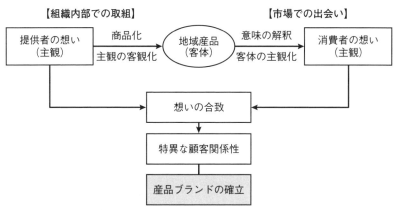

図3-10 地域産品の確立の過程

出所：田村, 2011, 筆者一部改

て生じる消費者の想いはブランド知識にあたると捉えられる。地域の事業者と消費者の想いが合致して関係性が結ばれる。地域産品の市場導入の指標は認知・理解・試買・常用の4つに設定され，事業者・地域産品と消費者の関係の到達点は常用，すなわち持続的な購買に設定されている。地域の事業者の思いの表現の実践によって，適切な知識が域外の消費者に蓄積されれば，地域産品を持続的に購入する，特異な顧客関係性が成立する (ibid., p.19)。この指摘は，地域産品に限らず消費財の一般で，顧客との関係性の形成を考察するうえで有効な視点といえる。

地域産品が試買から最終段階の反復購入に移行する常用推移率への影響要因を田村 (ibid., p.103) が分析している (**図3-11**)。地域産品の常用への移行には購入者満足度，一般販路での販売，魅力的価格の3つの要因が有意に正の影響があり，観光販路，希少・入手困難性は負の影響を与えていた。地域内の限定された観光販路で販売数が限定された商品を販売するのであれば地域産品の常用の目標は得られず，地域産品の持続的購買を実現するためには，商品の満足度を高めて域外の一般販路で販売する必要があるといえる。商品評価と販路以外の要因では，地域産品の市場導入において，顧客の「愛着」が重要であり，地域産品への顧客の愛着が高いほど常用率が高い関係があると田村は述べ

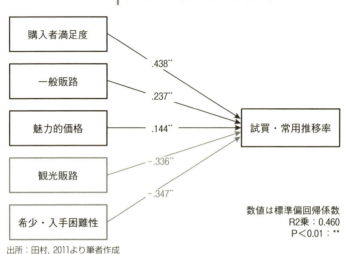

図3-11 試買・常用推移率の影響要因

出所：田村, 2011より筆者作成

る。また愛着には常用度の高い地域産品で価格プレミアムを高め，収益を向上させる役割がある（ibid., pp.129-136）との指摘は，地域産品の持続的購買の分析に有益である。

　既存の地域ブランド研究は，地域産品と地域ブランドの循環構造を提起するなかで，消費者を持続的な購買に誘導するうえで知識の役割を指摘した。田村は地域産品の常用にいたるうえでの商品評価，域外販路，愛着の重要性を述べていた。しかし既存の地域ブランド研究には，地域産品の持続的購買にいたる消費者の内面の構造的な分析が不足しているといえそうだ。事業者の想いにもとづく，どのようなアプローチが，地域外の消費者の意識にどのように影響して，特定の地域産品を持続的に購入する持続的な購買意向を起こすのか，消費者の意識内の諸要因間の影響関係が分析されなければならない。

7　既存研究のレビューから

　第2章，第3章では持続購買意向の研究を行うにあたり，持続的購買関係を

研究対象とするロイヤルティ研究，リレーションシップ・マーケティング研究とエンゲージメント研究，また既存の地域産品の先行研究である地域ブランド研究のレビューを行った。

リレーションシップ・マーケティング研究は持続的購買に向かう顧客の意識を，態度を中心としたモデル（Morgan & Hunt, 1994，久保田, 2012）で示した。しかしモデルには対面関係による形成要因が置かれて，取引主体間に人格的な相互作用がなされる直接接触関係のある取引で検証されている点から，間接取引の一般消費財の持続的購買関係を十全に説明しえないと考えられる。関係性マーケティング（和田, 1998）の間接取引で事業者の表出と顧客の読み取りの往還が，持続的購買関係を形成するとの指摘は有用だろう。一般消費財の持続購買意向を考えるにあたっては，主体間に直接の対面関係のない取引における関係を分析する必要がある。

顧客のエンゲージメント行動は，事業者－顧客間の相互作用が現実的になった環境を背景に一般消費財においても活発化している。われわれも事業者の顧客とのやり取りの振舞いが他の多くの顧客に観察されるようになった環境に留意する必要がある。地域産品の顧客のエンゲージメント行動の参加比については既存研究では分析されていないため，調査によって確かめるとともに，コミュニティ参加や行動実践ではない持続購買意向の形成要因を特定する必要がある。地域ブランド研究は地域産品と地域ブランドの循環構造を提起しており，その循環のなかで消費者の意識にある知識の持続的な購買に誘導する役割が示唆されている。地域産品の常用にいたるうえでの商品評価，愛着の指摘も重要である（田村, 2011）。一方で，これらの地域ブランド研究では，顧客側の意識の分析が十分ではなかった。地域外の，やはり具体の場での対面関係のない顧客との関係はいかに取り結べるか，持続購買意向に帰結する消費者の意識内の諸要因の関係の分析が必要である。

第**4**章 D2C事業者調査：
LTVを高めるビジネスモデル

　顧客生涯価値の向上を志向する事業が，顧客をどのように反復購買に誘導しようとしているのか。近年，注目されているD2C事業の調査を通じて検討していく。この章ではD2C事業者を対象とした調査で事業運営の実態を把握し，顧客生涯価値を向上させる事業の基本構造，事業プロセス，事業収益モデルを明らかにする。さらに，事業収益モデルを実際の購買履歴データに適用し，その有用性を検証することとする。

1　顧客生涯価値を志向する実践の拡大

　近年のECや電子決済，スマートフォンの普及，持続購買を前提としたサブスクリプションの利用拡大などの市場環境を背景に，データを活用して顧客を特定したマーケティングが到達できる現実的な範囲は飛躍的に拡大している。この環境変化を受けて一般消費財の事業でも，反復購買を促して顧客からの累積の収益を高める実践が，広く取り組まれるようになっている。この顧客生涯価値を志向するマーケティング実践を代表するのが，2010年代後半以降に注目が広がった「D2C」と呼ばれる事業である。

　D2Cは2000年代以降，製造者が小売などを経由せず，消費者に直接販売を行なうチャネルを示す語として，ヘルスケア商品直販（Cousins, 2009），地域支援型農業・CSA（Schmit et al., 2010）などの分野で用いられていた。2020年前後からはD2Cは，ネットを活用して顧客に直接に消費財を販売し，持続的な購買関係を形成するビジネスとして注目されるようになっている（日経BP, 2019）。D2Cの論文での言及をGoogle Scholarでみると，2009年までは農業・

医療分野の研究が中心で年間 8 - 9 件程度であった。2010年代に入ると一般消費財での適用も増えて2018年までは年間10-18件程度の論文が発表されている。2020年は192件と急増し2021年には367件の論文がD2Cを取り上げるようになった。

　旧来のメーカーの直販ビジネスもD2C事業と分類できるが，近年の消費財のスタートアップ企業が採用して，成長性が注目されている。日経新聞によれば世界のユニコーン企業（企業評価額10億ドル以上で未上場企業）1,022社のうち106社，約 1 割をD2C企業が占めている（日本経済新聞，2022）。D2C事業の代表例としては，米国ではメガネのワービー・パーカー，寝具のキャスパー，ベビーフーズのユミなどがあげられる。日本では生活雑貨のヘアケアのボタニスト，北欧暮らしの道具店，化粧品のエトヴォスなどがある。D2Cに言及している文献（Winkler, 2019，佐々木，2020，池尾，2021，沖，2022，Lienhard, 2022）から，D2C事業の特徴は，以下のように整理できる。

①　自社ブランドの特定カテゴリーの商品を，顧客に対して自社ECサイトなどのチャネルから直接に，または小売店頭なども併用した複合販路で販売する。
②　持続的購買・顧客生涯価値形成への志向が強く，サブスクリプションや定期購入コースを設定する。
③　購買履歴などの顧客情報を利用したデータドリブンな事業運営を行なう。
④　ソーシャルメディアなどを用いて顧客との双方向コミュニケーションを重視する。
⑤　社会や顧客への貢献など，事業に込めた提供者の意思，パーパスを表明する傾向がある。

　①②③は顧客と直接に取引し，取得した顧客情報を活用して反復購買へと誘導し，累積の収益を高める点で，従来のダイレクト・マーケティングやSPAと共通点が多い。④の顧客とのインタラクションは，既存のダイレクト・マーケティングがコールセンターやハガキなどのオフラインメディアを中心として

ネットを併用していたのに対して，D2Cは当初からソーシャルメディアのほか
Eメール，商品レビュー，チャットボットなどデジタルメディアを活用する。

また⑤顧客とのコミュニケーションにおいて事業の社会的意義，いわゆる
「パーパス」の訴求を積極的に行う点も特徴だろう。D2Cの代表の1つとされ
る靴のオールバーズは，環境負荷の低減に貢献することを事業の目的とする
（McLaren, 2021）。D2Cにはパーパスの「深さ」が重要であるとファブリック
トウキョウのCEOである森は述べる（山田, 2021）。D2Cは「明確な価値観，
哲学，ビジョン，ミッション，理念」の表明によって，顧客の「共感」を得る
事業であるとも指摘されている（沖, 2022）。

このような特徴をもつD2Cは近年に注目された事業だけに，「D2Cのビジネ
スモデルについては学術上，検討が十分になされていない」（金澤ほか,
2021）とされている。金澤らは，ワービー・パーカーのケーススタディにより
D2Cのビジネスモデルを，「文脈価値」を中心概念とするSDロジックの「価値
星座型サプライチェーン」（Vargo, 2008）として分析している。ここでは当該
研究とはアプローチを異にし，持続的購買による事業収益の経済的価値を焦点
として，D2Cのビジネスモデルを捉える。D2Cの事業運営責任者などエキス
パートを対象として調査を実施し，顧客生涯価値の向上を志向する事業モデル
の検証を行う。またD2C企業から提供を受けた購買履歴データによって，事業
収益モデルを評価することとする。まずは実態把握の調査から始める。

2　D2Cの事業運営実態の把握

D2C事業のビジネスモデルの特性と実践を把握するために，複数のD2Cエキ
スパート（経営者，運営責任者，計5名）の協力を得て調査内容を設計し，調
査項目を下記の4点とした。対象抽出はD2Cの経営者，事業運営責任者を起点
としたスノーボール式サンプリングで，WEB調査とインタビューを併用して，
36件の回答を得た。対象の年商規模は**表4-1**に示した。

■調査項目

1. D2C事業について事業運営上の共通認識を把握する。
2. 事業運営で利用しているKPI・重要成果指標を聞く。
3. 持続的購買促進のための複数の施策方針を示して，重視する程度を聞く。
4. 新規顧客獲得および持続的購買の施策開発の方針を聞く。

■調査概要

- 調査対象：D2C事業運営責任者・経営者・D2Cコンサルタントなど36名
- 調査方法：WEB調査の自記式・インタビューを併用
- 扱いカテゴリー：食品・健康食品，化粧品，衣料雑貨，複合ほか

表4-1 回答D2Cの事業規模

事業規模・年商	対象数	構成比
300億円以上	2	6%
100億円〜	7	19%
30億円〜	11	31%
10億円〜	6	17%
3億円〜	2	6%
1億円〜	4	11%
1億円未満・非公表	4	11%
	36	100%

D2C事業運営のコンセンサス

　まずD2C事業の実際がどのようなものであるか，その共通認識を探るために，設定したD2Cビジネスについての命題への賛否を聞く。複数のD2Cエキスパートと協議し，認識を把握する命題を以下の6つに設定している。各命題への賛否は「非常にそう思う」から「全然そう思わない」までの7段階で取得した。

① 顧客獲得効率命題：事業の収益性に対して，新規顧客の獲得効率は大きな影響がある。
② 初回損失命題：新規顧客の1人あたり獲得費用は，ほとんどの場合で

初回購入の売上を上回る。

③　獲得チャネル命題：顧客を獲得するチャネル・メディアによって，顧客のリピートの傾向は異なる。

④　F2転換率命題：累積の客単価・LTVの向上のためには，2回目購入率・F2転換率が決定的に重要である。

⑤　離脱率漸減命題：新規顧客の初回購入から数回目の購入までは離脱率が高いが，その後は安定する傾向がある。

⑥　パーパス訴求命題：新規顧客の獲得のために，事業の「提供者の思いや社会的意義」などの訴求が決定的に重要である。

　調査結果を**図4-1**に示す。①顧客獲得効率命題は"そう思う"の肯定側が100％となった。顧客価値計算のレビュー研究（McCarthy & Pereda, 2020）は，既存の研究の多くでCPOの控除の操作がなされていないと指摘し，顧客獲得費用は事業の収支上で大きな比を占める重要な費用であるため計算に組み入れるべきだと注意を喚起していた。調査対象としたD2C事業を実践するエキスパートの全員にとって，事業収益における新規顧客の獲得費用，顧客獲得効率の重要性は共通認識となっている。

　新規顧客獲得に関連して，②初回損失命題は回答者の8割が肯定側の回答となった。D2Cに限らず一般消費財の事業において，新商品のトライアルユース獲得の販促費用が，初回購入の売上を上回るのは特殊なケースではなく，新発売時の販促投資により商品単位の年次損益がマイナスになる場合もありうる。ただし顧客単位での採算が把握された際に，たとえば1万円の費用をかけて，初回購入の3,000円の売上を獲得するという事態が，一般に違和感を招くだろう。しかしD2Cエキスパートの多くにとって初回販売時の損失は常識であり，新規顧客獲得1人あたりのコストが初回購入の売上を上回る，新規顧客の初回購入では多くの場合で損失が発生するという認識は共有されていた。

　④F2転換率命題と⑤離脱率漸減命題は，いずれも新規顧客獲得の費用を回収する累積の客単価，利益にかかわる。「2回目購入率・F2転換率」の重要性を肯定する側が97％，数回目までの購入ののちは購入の持続が「安定する傾向がある」との命題も肯定側が88％と，大半のD2Cエキスパートで共通の認識が

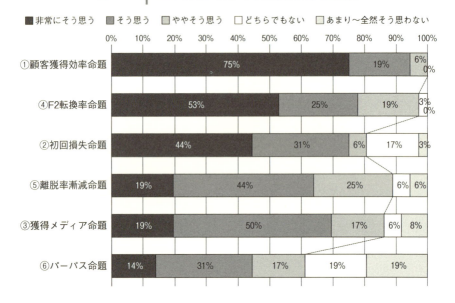

図4-1 D2C事業における事業運営の共通認識

ある。初回購入後の顧客の反復購入の傾向について,「中長期の継続率はF2～F4までではほとんどコントロールできる」とのコメントも得られた。このような認識を反映して各D2C事業は,初回購入時をはじめとして初期段階でのサブスクリプション・定期購入への転換誘導や,購買起点での厚い顧客アプローチ施策を投入していた。一方で事業の中長期的な成長性を重視する立場から,「F2転換よりもファン層に投資する」という経営者もいた。

事業の「提供者の思いや社会的意義」などの訴求が新規顧客獲得時点で重要かを聞いた,⑥パーパス訴求命題への賛否は,肯定側が62%に対して中立・否定が38%と約4割あった。いわゆるパーパスの訴求は,前節でみたとおりD2C事業の特徴の1つとされるが,その新規顧客獲得段階での有効性については必ずしも定まった認識とはなっていない。「消費者は商品に興味があるので,商品の優位性の訴求が最優先,社会的意義は新規顧客獲得では決め手にならない」との見解もあった。

D2C事業の利用KPI

　事業運営上で利用している重要成果指標・KPI（Key Performance Indicator）をD2Cエキスパートに聞いた。自由記述の複数回答で36名からあがったKPIは66種で，平均で4.5件の指標が利用されていた。出現した主なKPIの利用率を**図4-2**に示す。図中で，異なる名称で同意の指標もあると思われるが，名寄せはほぼ行っていない。

　CPOまたはCPAの指標は，多くの運営責任者が利用していると答えている。CPOはCost Per Orderで，新規顧客の1人あたり獲得費用である。新規顧客獲得施策への投資額を獲得顧客数で除して求められる。顧客生涯価値研究で用いられるCAC（Customer Acquisition Cost）と同意と考えてよいだろう。本書では実務での用法を踏まえてCPOと表記する。CPA（Cost Per Action）は，サンプル請求などの購入に限らないアクションをも評価する指数として利用される。両指標の記入のなかった回答者に聞いたところ，「CPOを使うのは自明だから」との理由だった。利用率2位のLTVは，実務では主に累積客単価の

図4-2　D2C事業で利用される主要なKPI

	主要3件以内回答		複数回答	
CPO		44%		53%
LTV（期間LTV）		33%		50%
CPA		33%		42%
F2転換率（期間F2転換率）		14%		28%
新規顧客数		14%		25%
CVR		11%		28%
CPR		8%		14%
売上		8%		8%
引上率		6%		19%
リピート率		6%		17%
継続率		6%		17%
客単価		6%		14%
ROI		6%		11%
ROAS		6%		11%
CTR		3%		8%
サイト流入数		0%		6%
その他		31%		64%

表4-2 調査で出現した主要なKPI

○主に顧客獲得にかかわるKPI
- CPO（Cost Per Order）：新規顧客あたり獲得費用。CPOが低いほど効率的。
- CPA（Cost Per Action）：特定の行動（購入，登録など）を獲得するためにかかる費用。CPAが低いほど費用対効果が高い。
- CVR（Conversion Rate）：媒体接触者のうち特定行動（主に購入）を行った割合。CVRが高いほど効率的。
- CPR（Cost Per Response）：購入以外の特定行動（登録・サンプル請求など）を獲得するためにかかる費用。
- CTR（Click-Through Rate）：広告が表示された回数に対するクリックされた割合。
- サイト流入数：ウェブサイトに訪問したユーザーの数。

○主に購入持続にかかわるKPI
- LTV（Lifetime Value）：顧客あたりの累積の利益。期間LTVは特定の期間内での利益。
- F2転換率：初回購入後の顧客が2回目の購入にいたる割合。顧客のリピート行動を示す。
- 引上率：登録・サンプル請求などの行動から購入にいたる割合。2回目購入の比を示す場合も。
- リピート率：商品を購入した顧客が次回購入にいたる顧客の割合。
- 継続率：2つの時点で継続して利用する顧客の割合。長期的な顧客関係を示す指標。
- 客単価：1人の顧客が1回の購入で支払う平均金額。

○事業採算・規模にかかわるKPI
- ROI（Return on Investment）：投資に対する利益率。ROIが高いほど有効な投資。
- ROAS（Return on Advertising Spend）：新規顧客獲得投資に対する売上の比。高いほど広告効果が高い。
- 新規顧客数：一定期間内に新たに獲得した初回購入の顧客の数。顧客獲得費用／新規顧客数でCPOになる。

意で利用されていた。LTVまたは累積客単価は，90日後・360日後など初回購入からの期間を限定した例も含めて，半数の運営者がKPIとして採用していた。

CPOとLTVはD2C事業運営における評価指標の両輪といえる。初回購入者の2回目購入率とされるF2転換率は，これについで利用されている。

　主要なKPIを区分すると，CPO，CPA，CPRなど新規顧客獲得効率評価で主に使われる指標，LTV，F2転換率，引上率など購入の持続にかかわる指標，またROAS，ROI，新規顧客数，売上など事業採算，事業規模にかかわる指標に大別できる。総じてD2Cの事業運営者は，新規顧客の獲得効率を高めつつ，累積の客単価が向上するよう施策を投入し，両者の総合による採算性を高めながら事業の成長を図るオペレーションを行っているといえる。主要なKPIの実務における意味を**表4-2**に示した。商品カテゴリーなどによって用法が異なる場合もある点には留意が必要である。

　その他の指標としては「クロス率」「ギフト利用率」「解約回避率」など客単価や顧客持続にかかわる指標，また「想定ターゲット合致率」「ファン移行率」などの顧客の質に注目したKPIなどが各事業で利用されていた。通信事業，スマートフォンゲーム事業などで広く利用されているARPU（Average Revenue Per User）の指標を利用するD2C事業者はなかった。

既存顧客への対応方針

　持続的購買に誘導する既存顧客への対応の10件の施策方針について，重視する程度を“最優先で重視している”から“重視しない”までの5段階で聞いた（**図4-3**）。重視する程度がもっとも高かったのは「商品自体の満足度の向上」で，事業運営者の全員がこの方針を重視していた。商品への満足がどの程度まで反復購買に結びつくかについては議論があるが，少なくとも大きな要因の1つであると考えられている（Kumar et al., 2013）。D2Cエキスパートも，商品自体の評価の向上を最も優先して重視していた。その際には「商品軸，コミュニケーション軸双方で，期待，活用，満足を向上させる」と，商品そのものだけではなく付随するコミュニケーションによって商品満足を高める施策を重視するという意見もみられた。

　商品満足度の向上についでポイントが高い方針は「商品評価など顧客の声の取得」の施策で，97％の運営者が重視する。「D2Cはつねに顧客の立場で商品，施策を考えることが必要」と述べる経営者もいた。顧客からフィードバックさ

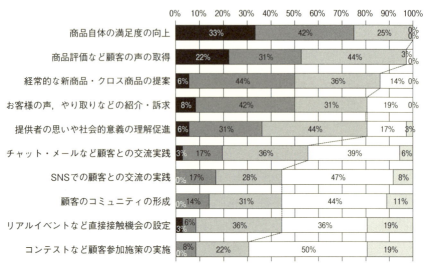

図4-3 顧客対応施策の重視度

れた情報は，重視度1位である商品満足度の向上に利用されることになる。同時に，重視率81％の施策である「お客様の声，やり取りなどの紹介・訴求」のコミュニケーション施策にも利用される。顧客の声を他の顧客に訴求する施策は，直接販促施策である重視率86％の「商品の提案」と近いレベルで重視されている。顧客からの声の取得と他の顧客への訴求，フィードバックを踏まえた商品の改良という一連の過程は，D2Cのビジネスモデルにおいて，重要なプロセスとなっている。

共通認識の項でもみたパーパス訴求の重要性については，新規顧客獲得段階では否定側が4割程度と意見が分かれていたが，持続的購買段階にいたれば，「提供者の思いや社会的意義」の理解を促進するコミュニケーション施策の重視側が81％を占めている。獲得後の，既存顧客に対する持続的購買促進のアプローチにおいては，パーパス訴求の重要性はD2C事業者の共通認識となっている。パーパスの表明はD2Cビジネスの根幹であり「なぜこの商品を届けたいのか，商品に込めた動機のWHYを顧客が瞬時に分かるようにしなければならない」と述べる意見もあった。

第4章 D2C事業者調査：LTVを高めるビジネスモデル　61

図4-4 ｜ 成長傾向別顧客対応施策の重視度

	全体 (36)	低成長事業 (20)	高成長事業 (16)	差
商品自体の満足度の向上	75%	65%	88%	23%
商品評価など顧客の声の取得	53%	45%	63%	18%
お客様の声，やり取りなどの紹介・訴求	50%	35%	69%	34%
経常的な新商品・クロス商品の提案	50%	50%	50%	0%
提供者の思いや社会的意義の理解促進	36%	35%	38%	3%
チャット・メールなど顧客との交流実践	19%	20%	19%	−1%
SNSでの顧客との交流の実践	17%	25%	6%	−19%
顧客のコミュニティの形成	14%	15%	13%	−3%
コンテストなど顧客参加施策の実施	8%	10%	6%	−4%
リアルイベントなど直接接触機会の設定	8%	5%	13%	8%

注：「最優先で」「特に」の合計

　近年に注目されている顧客エンゲージメント関連の施策への重視の程度を把握するために，「チャット・メール」「SNS」による顧客との交流，「顧客のコミュニティ」の項目を設定した。これら項目は，重視しない運営者が過半であり，エンゲージメント施策を重視するかどうかの態度は分かれている。「リアルでの接触も含めてロイヤル顧客との意見交換は増やしたい」とする回答の一方で，「コミュニティは手間がかかる割に効果がない」という運営責任者もいた。SNSの利用に関しては，「商品についてのSNSやレビューサイトの書き込みをテキスト分析して施策に役立てている」とする例もみられた。

　エンゲージメント施策のうち「顧客の声の取得」とその「紹介・訴求」施策の重要性については，D2Cエキスパートに共通認識がある。しかし，SNSなどを利用する双方向コミュニケーション施策は，コストと効果の評価が必ずしも定まっていないといえるだろう。

　今回の調査では，直近3年程度での担当事業の成長の傾向を聞いている。「著しく成長している」「成長している」と答えた高成長事業が16件，「やや成長」「横ばい」「後退」の低成長事業が20件だった。この2区分の重視する施策方針を比較する（**図4-4**）。サンプル数の限界から有意差は現れなかったが，

高成長企業は、「顧客の声の取得」とその「紹介・訴求」、「商品満足度の向上」を重視し、SNSでの交流やコミュニティは優先されない傾向がみられた。

獲得効率不振時の実践

新規顧客獲得段階で施策の効率が良くない、CPOの指標が思わしくない際に、どのような検討方針をとるかを自由回答で聞いた。D2Cエキスパートの主要な回答を**表4-3**に整理した。初回購買に誘導する「a. 獲得チャネル・メディア」、および「b. 表現・訴求内容」における施策開発の検討が中心となった。期間累積客単価を踏まえてCPO目標を設定するという回答も散見され、「顧客獲得効率とLTVはおおむね相反するので、最大のROIが得られるCPOを探る」というコメントもあった。獲得効率については「中期的には事業のCPOは低下していくため、ムリなオファーや強いクリエイティブなどで獲得効率向上を狙うよりも、リピート、クロスで稼いだほうが成長する」との見解もみられた。

表4-3 ｜ 顧客獲得効率向上の検討方針例

■a. 獲得チャネル・メディアの検討
・媒体の役割の明確化、再定義、アロケーション
・売り場ごとの収益性を踏まえて配分見直し
・顧客獲得ファネル上の媒体間および媒体内の遷移上のボトルネックの分析
・出稿タイミングの精査と対応
・リーチの過不足の確認、媒体メニュー実績の精査と対応

■b. 表現・訴求内容の検討
・訴求内容を見直し、クリエイティブテストを実施
・商品のUSP・提供価値を再確認し、表現の強化や変更の検討
・新規顧客プロフィールの確認と、ターゲットの再定義
・SNSや調査によって商品・サービスへの評価を取得、分析
・ターゲットのプロフィールや意識行動を調査などで把握

■c. 事業与件・目標・体制の再設定
・初回販売価格・オファーの見直し
・商品や媒体、顧客区分ごとのROIの見直し
・クロス提案なども含めてLTVの向上余地を探り目標CPO緩和を検討
・新規顧客獲得投資を抑制、または停止する

リピート不振時の実践

　同様に持続的購買段階で顧客のリピートが芳しくない，LTVが伸びない際に，どのような検討方針をとるかを自由回答で聞いた（**表4-4**）。D2Cの多くは直接に顧客に販売する販路をもつことから，主要な指標データが即時に定量的に取得できる。また前項までで事業者のほとんどが重視していた顧客の声も，直接に経常的に取得が可能である。リテンションについても「徹底してデータを分析する。日時週次のダッシュボード，月次で問題点の洗い直し」など，「a.

表4-4 ┃ リテンション促進の検討方針例

■a．データ分析・現状把握
・購入商品や獲得媒体区分ごとの収益効率の把握
・RFM区分ごとのROI，ROASの効率の把握
・顧客の評価を分析してスタックポイントを探る
・リピーターの続ける理由と離脱・休眠顧客の買わない理由の分析
・新規顧客獲得時の期待と顧客化後の評価ギャップの把握

■b．商品自体の改善
・商品・サービスへの顧客評価の取得と対応
・口コミ分析などによる商品改良・新商品開発
・使用法など商品の便益を高めるコミュニケーション施策の投入
・持続的利用による将来便益の期待を高める施策の投入
・クロス商品，MDの見直し・強化

■c．顧客対応施策の改善
・F2転換促進など購買初期段階での施策の強化
・初回購入時点での定期提案など継続購買誘導
・購入後のカスタマージャーニーの再規定
・投入した施策と購入持続の関係を把握し，持続に貢献する施策を強化
・ステップメールやアウトバウンドの施策投入タイミング，フロー見直し
・サブスクリプション，定期購入の導入・強化
・離脱タイミングでのオファー設定
・提案・持続購入の顧客インセンティブの強化
・休眠顧客への再アプローチ

■d．顧客リレーションの強化
・顧客へのメッセージの再開発，浸透施策の投入
・ブランドのファン層育成への投資
・メルマガや月次の会報誌など周期リテンション施策の再検討
・SNS，メールなどの顧客との相互コミュニケーションの強化

データ分析・現状把握」から対応をはじめる事業がみられた。その際には，期間累積客単価・F2転換率など数値データだけではなく，商品評価など顧客の声の分析もなされる。

　顧客対応施策でも最重要視されていた，「b．商品自体」にかかわる検討も多くあげられている。顧客の評価のフィードバックを受けて，提供する商品自体の改善，品ぞろえの強化，またコミュニケーションによる商品便益実感の喚起など，商品関連の対応がなされていた。そのうえで顧客のステップや区分ごとの「c．顧客対応施策」でフローを見直して改善するのが，基本的にとられる方針のようだ。また，「即時的な効果はあまり期待できないが中期的な成長のためには必要」との前提付きで，販促外コミュニケーションの会報誌や，提供者のメッセージの再開発など「d．顧客リレーションの強化」，気持ちのつながりの育成によるリテンションの促進を図ろうとする事業もみられた。

3　顧客生涯価値の向上を図るビジネスモデル

　ここではD2Cエキスパートに対する調査を踏まえ，顧客生涯価値を成長させる事業の基本構造，事業プロセス，事業収益の３つの視点でモデルを検討する。また実態調査によって確認されたモデルが事業計画や収益予測，施策評価などの実務に適用できるかを，実際の購買履歴データに適用して評価する。

ダブルファネルの基本構造

　D2Cの事業運営者たちは，その実践を２つの段階に大別して認識していた。すなわち，消費者が初回購買にいたるまでの新規顧客獲得・アクイジションの段階と，購買転換した顧客が反復購入して累積客単価を高めていくリテンションの段階である。顧客生涯価値を志向する事業が２つの段階の「ダブルファネル」と呼べるような基本構造をもつことは，事業にかかわる者の共通認識に沿うだろう。

　２つのファネルの１つめは，消費者の購買までの接触や意識変容の経過，経路を示したモデルであるパーチェス・ファネル（Hoban & Bucklin, 2015, 岸

本, 2012）にあたる。これは伝統的にマーケティングの実践で用いられ、近年のデジタル・マーケティングでは、いっそう広く利用されている。もう1つのファネルはリレーションシップ・マーケティング研究で提起されたラダー・モデル（Christopher et al., 1991）で、見込み客から顧客、擁護者（advocate）にいたるステップが示される（**図4-5**）。顧客生涯価値を志向する事業は、パーチェス・ファネルとラダー・モデルを組み合わせた、ダブルファネルの基本構造で捉えられるといえる（**図4-6**）。新規顧客獲得段階での主要KPIはCPO、持続的購買段階にはLTVが対応する。ここに示した事業構造把握は、1990年代から一部のマーケティング実務で用いられてきた。同様の構造をトラ

図4-5 パーチェス・ファネルとラダー・モデル

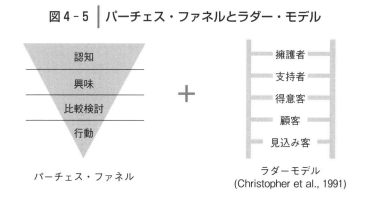

図4-6 ダブルファネル・モデル

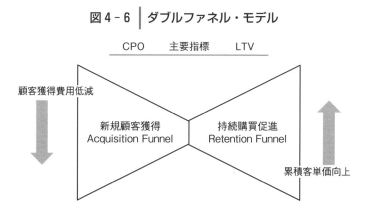

ンスコスモス（2012）はダブルファネル，電通（2019）はデュアルファネルと呼ぶが，ここではダブルファネルと呼ぶ。

ダブルファネルの基本構造は原理的に，すべての反復購買される商品を販売する事業に適用できる。この構造を踏まえれば，事業の売上・利益は，単発の購入行動の集積によって構成されるのではなく，顧客の反復購買によって得られるものであると把握できるようになる。また顧客との持続的な取引関係によって，顧客生涯価値が向上していくとの視点が得られる。こういった認識を見失う傾向がある事業にとっては，ダブルファネル・モデルが事業上の示唆を与えうる。ただし，このモデルを事業プロセスに適用するのであれば，購買履歴を把握して，特定した顧客にアプローチする手段をもつことが要件となるだろう。

顧客価値形成プロセスモデル

パーチェス・ファネル，また従来のメーカーのサプライチェーンは消費者の商品購買をゴールとする。またポーターの価値連鎖・バリューチェーン（Porter, 1998）の基本形も，買い手に向かう矢印の形状となっていた。これらに対しダブルファネルの基本構造をもち顧客生涯価値の成長を志向する事業のプロセスは，消費者・顧客との相互作用の，3つの循環の構成をもつ**図4-7**のように捉えられる。このモデルは岩永（2018）によって示されていたが，今回の調査により各プロセスで実践されている内容が明らかになっている。

顧客価値形成プロセスモデルを構成する3つの循環は，新規顧客獲得サイクルとリテンションサイクル，そして顧客とのインタラクションによって商品・サービスの価値を創造する価値共創サイクルである。このプロセスモデルはD2C事業のほか，モールに依存しない自社EC，SPA，サブスクリプション，ダイレクト・マーケティング事業など，顧客と直接に取引して顧客生涯価値を形成する事業が想定されている。

①新規顧客獲得サイクルは，基本構造の1つめのファネルにあたる。売り手側が新規顧客を獲得する表現および，獲得チャネルの施策を開発して投入し，消費者は施策に接触して表出された商品と価格，表現内容を評価して初回購買の判断を行う。結果を受けて売り手は，CPOをはじめとする指標で表現・施

図4-7　顧客価値形成プロセスモデル

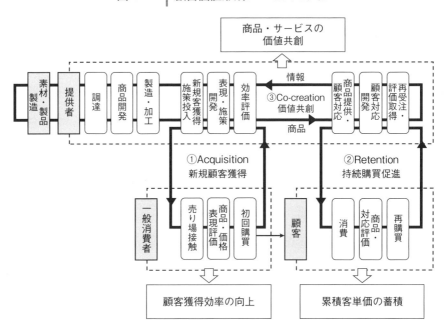

出所：岩永，2018，一部改

策・段階ごとの効率を評価し，顧客獲得効率の向上を目標として**表4-3**でみたような表現と施策の再開発を行う。

　商品を購入した顧客は，持続的購買を促進する2つめのファネルにあたる，②リテンションサイクルに送り込まれる。商品を消費した顧客が，商品および顧客対応に十分に満足するのであれば，反復して商品が購入される。提供者の側は，反復購買について2回目購買はF2転換率で，初回からの購買額は累積客単価の指標で，**表4-4**のaでみたようなデータ分析がなされる。

　また**図4-3**のグラフでみたとおり顧客の声の取得は，ほぼすべての事業者が重要視している。さまざまな顧客の声がメール，商品レビュー，フォーム，チャットボット，SNS，コールセンターへのインバウンド，返信ハガキなどのチャネルで収集されて，「続ける理由」「買わない理由」などの視点で分析される。反復購買の間に売り手は商品を提供，クロス商品を提案するだけではなく，

獲得した顧客の声の紹介や提供者の思いや社会的意義の訴求のリレーション施策により，顧客の関与を高めていく。

③価値共創サイクルが３つめの循環と位置づけられる。リテンションサイクルで得た顧客の評価データ，および新規顧客獲得サイクル消費者の反応をもとに，顧客対応の最重要施策である「商品自体の改善」を図る開発が，**表4 - 4** bのように取り組まれる。

これらの事業プロセスは，施策への反応を計測しながら顧客の声を聞いて，提供する商品とサービスの価値を不断に向上させる。売り手の思いや顧客とのやり取りを伝えて，取引関係にとどまらない，購買外行動や気持ちのつながりも含めた持続的な購買関係を形成する。事業における複合的な顧客との相互作用の循環プロセスが，顧客生涯価値を高めていく。

顧客価値収益モデル

LTVの算出についての研究は1990年代から情報学，会計学，リレーションシップ・マーケティングや顧客エンゲージメント研究などの分野で取り組まれてきた（第２章３節）。

基本構造および**図4 - 1**でD2Cエキスパートの共通認識として多くに支持されていた②初回損失命題，⑤離脱率漸減命題の２つを組み合わせると，顧客生涯価値を志向する事業の収益モデルは**図4 - 8**のようになる。このモデルも以前から一部のマーケティング実践で用いられており，文献（岩永，2020）にも示されていたが，各変数に対応する事業実践が調査で確かめられた。このモデルは，不定額，不定期で無限遠の事業収益把握に対応する。初回に商品を購入した顧客は，２回目，３回目と反復購入するが，数回目までに顧客は大きく離脱して，のちに一部の顧客が残存した固定客となって漸減していく。これに対応して平均の累積客単価は，反復購買率が高い初期段階では高く積みあがる曲線の形状を示し，一定期間後，反復購入を重ねた後は漸増の形状となる。

新規顧客を獲得する費用は，２回目以降の購買を促進する費用とともに，いずれも販売費であるが，ダブルファネルの基本構造を踏まえれば，新規顧客獲得費用は区分して把握されなければならない。直接に顧客に商品を販売して購買履歴データをもつ事業では，その区分が可能である。初回購入時の新規顧客

図4-8 顧客価値収益モデル

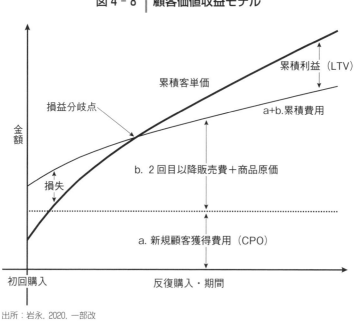

出所：岩永, 2020, 一部改

獲得費用は商品原価を合わせた費用となって，②初回損失命題により初回の売上を上回り，累積客単価との差は損失となる。期間が経過するにつれ客単価が累積し，採算点を経たのちは利益が積みあがっていく。一定期間後の利益をCPOで除してROI（Return on Investment）が算出できる。

事業の収益性を高めるためには，商品原価と2回目以降販売費を与件とすれば，CPOを引き下げる施策（**表4-3**）と，LTVを高める施策（**表4-4**）が投入される。**図4-1**でみた④F2転換率命題を多くのエキスパートが肯定し，2回目購入をはじめとして初期段階での反復購買促進施策が重視されるのは，累積客単価曲線を早期に高め，また漸増段階に残存する固定客の比を高めてLTVを引き上げるためであると理解できる。漸増段階も含めて，事業のパーパスの理解促進や取得した顧客の声の訴求（**図4-3**），さらに顧客との相互作用による商品・サービスの価値向上が累積客単価を向上させる。

このモデルで累積客単価曲線の形状・傾きは，商品評価，顧客対応施策，獲

```
式 5．顧客価値収益モデル（数式）
```

$$LTV = \sum_{i=1}^{\infty} MGR_i - \sum_{i=1}^{\infty} (MCG_i + MRC_i) - CPO$$

i　　：初回購入からの経過単位期間
MGR：Monthly Gross Revenue per customer・顧客あたり期間売上
MCG：Monthly Cost of Goods per customer・顧客あたり売上原価
MRC：Monthly Retention Cost per customer・顧客あたり期間販売費
CPO：Cost per Order・新規顧客あたり獲得費用

得された顧客の性質などに規定される。また同時に，商品と施策，獲得顧客の性質は，事業が投入する施策によって操作できる。したがって期間累積客単価の数列は，商品と施策，顧客が異なるそれぞれの事業実践の帰結として，事業ごとに経験的に算出されることになる。平均の累積客単価を実績によって算出すれば，事業の収入が定額・定期の形式ではなく，不定額・不定期収入であっても対応できる。**図 4 - 8** のグラフは，式 5 のように示せる。期間 i は無限遠で，その単位はD2C事業の実務の多くでは月次で設定されている。第 1 項は累積客単価で，i 月後の月次平均客単価であるMGRiの累積を示す。そこから第2 項の累積費用および，第 3 項のCPO・新規顧客あたり獲得費用が引かれてLTVが導出される。

　先に引いた「中長期の継続率はF2〜 F4までではほとんどコントロールできる」というD2Cエキスパートの言に示されるように，多くの場合，数回程度までの反復購入期間以降の累積客単価の増加は，特定の傾向をもつ漸増の数列で捉えられる。実務的には半年程度の事業実践の実績で，期間平均客単価の推移の趨勢はある程度は見えて，仮の数列をあてはめることができる。1 年程度以上を経れば累積客単価の数列の試算の精度は向上する。実績ベースであっても一定期間後の，傾向をもつ漸増の想定によりモデルは有限ではなく，無限遠の時間軸に適用できる。

　実績データから算出されたLTVは事業計画，収益予測，収益性評価，また施策方針の策定などに利用できる。また初回購入商品，獲得チャネル，RFMなどの顧客区分ごとの分析，収益性評価も可能だろう。次節ではこの事業収益

第4章　D2C事業者調査：LTVを高めるビジネスモデル　71

モデルを，実績の購買履歴データで検証する。

4　顧客価値収益モデルの評価

　顧客獲得施策の効率を結果として示すKPIであるCPOは，到達目標としても設定される。一般に新規顧客獲得の投資を増やせば顧客数と売上は増えるが，顧客獲得の効率と事業の収益性が低下する。投資を減らせば顧客獲得の投資効率は向上するが，当然に新規顧客数は減って売上は減少する。そこで効率よく事業成長するためには，適切な目標CPOの設定が必要になる。目標CPOは，新規顧客獲得への投資額を規定する事業計画の基盤となる。

　また実績のCPOは新規顧客獲得のマーケティング施策への，投資の結果として算出される。CPOは初回購入の売上を上回る場合もあるため（**図4-1**），将来に得られる累積の利益によって投資が回収できるかどうかが評価されなければならない。そこで実際の購買履歴データに顧客価値収益モデルを適用して，事業計画と収益性の評価に利用できるかを評価する。

　D2C事業者から提供を受けた4年分約4万7,000人の購買履歴データの分析を行った。同事業の平均累積客単価推移を示す（**図4-9**，**表4-5**）。**表4-5**表頭の01Mに示した新規顧客獲得の1ヶ月目の顧客あたり平均売上は5,426円で，06Mの6ヶ月後には1万3,924円，24ヶ月後には累積客単価は2万8,266円と初月の約5.2倍に積みあがっている。

　図4-9のグラフで見て取れるとおり，このケースでは6ヶ月目までは累積客単価の増加は大きく，それ以降は漸増の傾向となっている。**図4-1**でみた⑤離脱率漸減命題は，このケースでも適合している。この例では7ヶ月目以降の増分を等比数列であると捉えて試算したところ，7〜12ヶ月の実績から算出した13〜24ヶ月の試算値と実測値との相関は高く，R二乗値は0.9997となった。事業計画の策定，需要予測などの実用上でこの場合は，7ヶ月目以降は試算値を適用できると考えてよいだろう。

　この事業の売上に対する原価プラス販売費の比が60%であるとして，12ヶ月以内に**図4-9**のグラフの採算点に達して投資の回収を望むのであれば，12ヶ

図4-9 累積客単価推移ケースと事業計画への適用

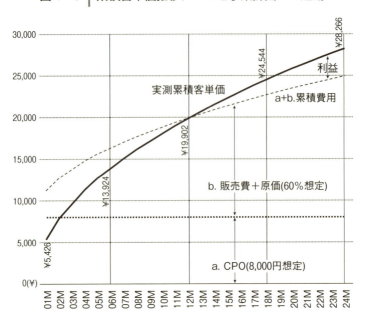

月累積客単価の1万9,902円×40%で7,960円，目標とする新規顧客あたり獲得費用・CPOは，約8,000円と設定できる。また8,000円の顧客獲得の投資に対して初月の売上が5,426円であっても，事業は希望する収益性を確保していると判断できるため，マーケティング投資が過大，また過小になるリスクは抑えられる。事業収益モデルはこのように事業計画・収益性評価に利用できる。

つづいて事業プロセスの各時点での収益性評価，またCRM施策の方針策定と評価にモデルを利用できるかどうかを検討する。ここでは直前3ヶ月の平均累積客単価を傾向値として参照し，次月の値と比較して評価することとする。**表4-6**の表側は初回購入の獲得月，表頭の01M～12Mは，当該月の獲得顧客の経過期間ごとの平均実測累積客単価推移と，傾向値との差のポイントを示している。18年09月以降は傾向値と実測値の差は，プラス1%からマイナス2%の範囲にある。これらの期間では，実測値はおおむね傾向値近くに収まっており，推移も安定していることから，事業収益の予測に実績ベースの傾向値が適用可能であるともいえる。実測値の範囲より先の予測が必要な場合は，**表4-**

第4章　D2C事業者調査：LTVを高めるビジネスモデル　73

表4-5　平均累積客単価推移ケースと13ヶ月目以降試算値

	01M	02M	03M	04M	05M	06M	07M	08M	09M	10M	11M	12M
ａ．実測累積	5,426	7,924	9,658	11,335	12,762	13,924	15,104	16,184	17,141	18,100	19,038	19,902
累積%	100%	146%	178%	209%	235%	257%	278%	298%	316%	334%	351%	367%

	13M	14M	15M	16M	17M	18M	19M	20M	21M	22M	23M	24M
ａ．実測累積	20,762	21,590	22,350	23,104	23,852	24,545	25,232	25,892	26,502	27,108	27,702	28,266
累積%	383%	398%	412%	426%	440%	452%	465%	477%	488%	500%	511%	521%
ｂ．試算値	20,732	21,523	22,277	22,996	23,681	24,334	24,956	25,549	26,114	26,653	27,166	27,655
b/a	100%	100%	100%	100%	99%	99%	99%	99%	99%	98%	98%	98%

5に示した増分の等比数列による試算のように，それまでの傾向から算出した試算値を適用できる。

　一方，データ上で直前3ヶ月の傾向値との乖離が大きい期間もある。乖離は予測上は望ましくないが，収益向上を求める事業者は，つねに傾向値からの上方の乖離，つまりLTVの向上を表4-4に示したようなリテンションの促進施策によって目指すことになる。表中でマイナスの乖離が大きいのは，18年01月の01Mの－10%と翌月18年02月の01Mの－9％で，過去3ヶ月の平均初月売上よりも低い側に著しく乖離して，その後もマイナス基調で推移している。実数でも18年01，02月の3M累積客単価は8,000円台で，表4-5に示した期間平均

表4-6　累積客単価の実測値と傾向値との乖離

初月	3M累積	6M累積	12M累積	24M累積	01M	02M	03M	04M	05M	06M	07M	08M	09M	10M	11M	12M
18年01月	8,224	11,655	17,115	24,499	-10%	-5%	-2%	-2%	-1%	0%	0%	1%	1%	0%	1%	0%
18年02月	8,025	11,764	17,143	24,760	-9%	-6%	-5%	-3%	-2%	-2%	-2%	-2%	-2%	-2%	-2%	-2%
18年03月	8,926	13,161	18,843	26,503	-4%	2%	2%	3%	4%	4%	4%	3%	3%	3%	3%	3%
18年04月	9,631	14,539	21,073	30,305	1%	2%	4%	5%	6%	6%	6%	6%	6%	6%	6%	6%
18年05月	10,002	15,013	21,688	31,101	5%	4%	4%	4%	4%	4%	4%	4%	4%	4%	4%	4%
18年06月	10,281	15,206	21,520	30,575	4%	5%	4%	4%	3%	2%	2%	2%	1%	1%	1%	1%
18年07月	10,293	15,114	21,265	30,147	4%	4%	2%	2%	2%	1%	0%	0%	0%	0%	0%	0%
18年08月	10,344	14,973	21,112	29,794	3%	1%	2%	1%	0%	0%	0%	0%	0%	0%	0%	0%
18年09月	10,246	14,685	20,808	29,569	-1%	-1%	-1%	-1%	-2%	-1%	-1%	-1%	-1%	-1%	-1%	-1%
18年10月	10,185	14,556	20,743	29,375	-1%	-1%	-1%	-1%	-1%	-1%	-1%	-1%	-1%	-1%	-1%	-1%
18年11月	10,042	14,206	20,199	28,542	-1%	-1%	-1%	-2%	-2%	-2%	-2%	-2%	-2%	-2%	-2%	-2%
18年12月	10,095	14,398	20,510	28,872	-2%	-1%	0%	0%	-1%	0%	0%	0%	0%	0%	0%	0%
19年01月	9,861	14,083	20,039	28,186	-1%	-1%	-2%	-2%	-2%	-2%	-1%	-1%	-1%	-1%	-1%	-1%
19年02月	9,837	14,156	20,178	28,396	0%	-1%	-1%	-1%	0%	0%	0%	0%	0%	0%	0%	0%
19年03月	9,528	13,769	19,612	27,572	1%	-3%	-2%	-2%	-2%	-2%	-1%	0%	-2%	-1%	-2%	-2%

3ヶ月累積客単価の9,658円を大きく下回っている。

このようなデータを把握した事業者は，リテンション不振への対応施策を投入する方針をとったようだ。施策投入の結果として18年04〜08月は傾向値に対して，プラスに乖離する実測値が得られている。実数でも同期間は，12ヶ月累積客単価が2万1,000円台に達しており，投入した施策が功を奏したと捉えられる。ただし，18年09月以降の3M〜24Mの累積客単価をみると減少傾向にあり，施策の効果は薄れつつある。次の手を打って，LTVを高めなければならない段階にあるといえる。現実には18年12月か19年01月ごろには，3M累積客単価の減少傾向のシグナルに気づけるだろう。検証した収益モデルは，このように施策方針策定，施策評価に利用できる。

5　D2C事業者の調査から

本章では商品を顧客に直接に販売し，顧客生涯価値を志向する事業であるD2C事業の実践を調査によって把握した。これにより，CPO，LTVをはじめとする各種の指標を用いて収益性を高め，顧客の声を積極的に取得して商品・サービスの価値向上を図る事業の実態が明らかになった。

提供者の思いや社会的意義の訴求は，新規顧客獲得段階では有効性について見解が分かれたが，持続的購買段階ではパーパス訴求の重要性は多くの事業運営者の共通認識となっていた。顧客エンゲージメントに関連する施策では，顧客の声を取得し，顧客との相互作用を他の顧客に紹介，訴求する施策は多くの事業で重視されていた。事業における顧客とのインタラクションはまた，商品・サービスの価値共創のプロセスとなっていた。SNSでの交流，顧客コミュニティ構築などのエンゲージメント施策については，重視するかどうかの意見が分かれた。調査によって，顧客生涯価値を志向する事業についてダブルファネルの基本構造，3つの循環をもつ事業プロセス，事業収益の既存モデルが検証された。実績ベースの事業収益モデルは，不定額・不定期の事業収入，無限遠の時間軸設定に対応していた。事業収益モデルが有用かどうかを，実際の購買履歴データに適用して検証したところ，事業計画，収益予測，また施策方針

の策定と評価などに利用できると考えられた。

　顧客生涯価値を高める事業の収益モデルと複合的な事業プロセスが本章の研究によって明らかになったが，各種のアプローチが顧客の意識，態度にどのように影響してLTVを高めるかは分析されていない。既存のリレーションシップ・マーケティング研究，顧客エンゲージメント研究では，顧客の事業者に対する信頼とコミットメントなどの媒介変数の持続的購買への影響が検討されてきた（竹内，2014，神田，2018）。事業者側の調査を踏まえ，顧客の側で，一般消費財の持続購買意向が喚起される影響関係が検討されなければならない。

第 **5** 章 意識モデル：
持続購買意向の形成メカニズム

　消費者の意識のなかで，複数の要因がどのように影響して，特定の商品をもう一度買いたいという持続購買意向が起きるのか。前章までの先行研究の検討と事業者側の実証研究を踏まえて，意識内の要因と要因間の影響関係を説明する持続的価値形成モデルを構築する。

1　知識と態度が行動へと導く

　第 2 章 2 節でみた持続購買意向を捉えるリレーションシップ・マーケティングの 2 つのモデルは，いずれも形成要因・媒介要因・帰結といえる構成となっていた。本章ではこれを踏襲し，持続的購買に向かう消費者の意識を，形成要因「知識」・媒介要因「態度」・帰結「持続購買意向」の構成で分析する。
　CBBE論（Keller, 2008）では，対象への消費者の態度には，消費者のマインドに蓄積された対象についての知識が影響する（第 3 章 4 節）。地域ブランド研究の村山（2005）は，ボールディング（Boulding, 1956）に拠って地域ブランドの意味の基本構造を捉えた際に，人の行動の背景にあって行動に影響するのは主観的な知識であると指摘していた。いずれもマインド内の構成概念である知識と態度は，主体の意識では画然と分けられていると言い難い。また，知識は価値評価と結合している（黒田, 1992）と指摘されており，人の行動を方向づける態度（Allport, 1935）も当然に価値観をともなう。ただし，意思的行為についての知識の因果性と志向性の区分（Anscombe, 2000）を踏まえると，知識が潜在的に行為の原因になるのに対して，態度は主体の対象への志向性であり行為の主観的な理由となって，直接に意思的な行為を導出するものだ

図5-1 持続的価値形成モデルの構築フレーム

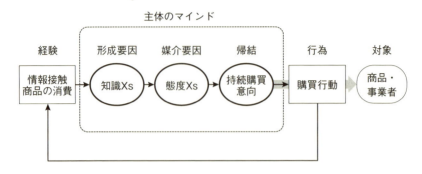

と区分できる。知識が対象についての主体の過去の経験により蓄積され，態度は対象への未来の行為を方向づけると捉えれば，両者の概念的な分別が可能だろう。たとえば「新之助は，評価の高いコシヒカリの後継品種である」がメディア接触などで得た知識で，「新之助を食べてみたい」は態度であり，次回の購買行動に結びつく。「あの顧客は支払いが遅れない」という過去の経験にもとづく知識は「あの顧客は信頼できるだろう」という態度を喚起し，未来の他者の行為は不確定であるにもかかわらず，取引上の優遇などの行為を導く。これらの検討を踏まえ，複数の知識が複数の態度を喚起して持続購買意向を起こし，購買行動として表出される図5-1の基本構成で検討を進める。

持続的購買においては消費者の意識の対象は，商品と事業者となる。消費者は情報や商品との接触経験を通じて商品と事業者についての知識を蓄積する，知識にもとづいて対象への行動を誘導する態度が生じる。態度が誘導した購買意向に方向づけられて商品が購入される。購入した商品の消費の経験と取引に付随する情報接触経験が知識として蓄積され，ふたたび態度を喚起して再購買を方向づける。

2　顧客の知識が再購買意向を形成する

形成要因「商品評価」

　まずは持続購買意向の形成要因である「知識」の複数の要因を検討する。持続購買意向を喚起する消費者の知識の1つめは，商品の1回以上の消費経験を経たうえで便益を評価して得た知識の「商品評価」である。

　顧客満足研究（嶋口, 1994, 小野, 2010, Kumar et al., 2013など）は，商品への評価が持続的購買に寄与すると説明する。商品の消費経験で得られるような個々の事実的知識は脱文脈化されて，"AはBである"という概念的知識になると考えられている（小松, 1998）。顧客生涯価値を志向する事業者の側では，顧客を持続的購買に誘導する施策として，商品自体の満足度の向上を最重視していた（**図4-3**）。地域ブランド研究において，地域産品の反復購入を得るには地域らしさの付与だけでは十分ではなく，商品の消費の経験価値を提供する必要が説かれている（青木, 2004）。また購入者満足の要因が地域産品の常用，持続的購買に貢献すると分析されていた（**図3-11**）。これらから，媒介要因に先行する形成要因の1つに，消費者の商品を消費した経験にもとづいて得た知識である「商品評価」の要因を置く。

　顧客による商品の評価は複数の視点でなされると考えられ，既存の顧客満足研究においても累積的満足と取引時点満足，交換価値と使用価値，知覚品質と知覚価値ほかの概念区分が提起されている（小野, 2010）。顧客の商品評価の多元的な把握は尺度の妥当性を高めるが，カテゴリーや価格帯，購買頻度の異なる複数の商品の顧客を対象とできるよう，商品評価の要因を総体の商品・事業者への評価として1次元的に捉えることとする。ただし実施する2つの調査では，商品を継続的に購入している顧客を対象とするところから，特定の消費経験の評価ではなく，時間軸において長さをもつ，対象についての消費経験の累積的な評価を取得しているといえる。

形成要因「観察による知識」

　商品評価以外では，商品の取引に付随する事業者のコミュニケーションとの接触によって得られる，商品と提供者についての知識が消費者の態度を喚起すると考えられる。KMVモデル（Morgan & Hunt, 1994）で態度を喚起する形成要因には，取引に付随するコミュニケーションが設定されている。関係性マーケティング論（和田, 1998）の間接取引でのプロセスで消費者は，事業者の表出の読み取りを行って持続的な購買関係を形成する。顧客エンゲージメントが注目された背景にはソーシャルメディアの普及があり，これによって事業者と顧客とのやり取りの振舞いが広く消費者に観察可能になっている（第2章3節）。持続的購買関係の形成を重視する近年の事業者は，その事業プロセスで，顧客との「やり取りの紹介・訴求」や「提供者の思いや社会的意義」の積極的な自己表現によって，顧客を持続的購買へ誘導している（**図4-3**）。地域ブランド研究では，産品が市場に導入される最初の段階は，事業者の想いの消費者への自己表現であり，消費者は想いの意味を主観的に解釈することで持続的な購買が達せられると説明される（**図3-10**）。また社会システム論（Luhmann, 1973）において主体の対象への態度を規定するのは，対象の「自己表現」の観察であると指摘されている。他者が社会的な振舞いを表出する。それを観察した主体が，他者が今後も同様に振る舞うであろうと予期することで，対象に対する態度が決定する。

　これらを踏まえて商品の購入者を主体として捉えると，取引に付随する事業者の自己表現の観察によって得られた知識が，態度を生じさせると考えられる。事業者による自らの思いの表現や顧客への振舞いを観察して得られる顧客の知識を，「観察による知識」と呼び，持続購買意向を喚起するもう1つの要因と位置づける。また，CBBE論（Keller, 2008）は知識が知覚品質を高めると指摘していた。商品や事業者についての知識が消費者の商品評価に影響することを示唆する既存研究（Sujan, 1985, Bianchi et al., 2019など）もあることから，取引に付随して事業者の自己表現を観察して蓄積された知識は態度に影響するだけでなく，前項で設定した累積的な商品評価への影響があると想定する。

　既存研究にあってここでは採用しない他の主な形成要因を確認する。多次元

的コミットメント・モデル（久保田，2012）は「組織境界者とのフレンドシップ」を形成要因とし（**図2-4**），顧客エンゲージメント研究（Brodie et al., 2013）では，顧客や事業者のコミュニティ参加が持続的購買関係の確立に貢献すると分析されていた（**図2-5**）。しかし本書は間接取引が基本となる一般消費財を対象とするため，対面的な直接接触関係やコミュニティのような密な相互作用を形成要因として採用しない。他にはKMVモデル（Morgan & Hunt, 1994）と多次元的コミットメント・モデルで，形成要因として「関係終結コスト」が採用されている。しかし一般消費財は，事業者間取引や対面的な直接接触関係のあるサービス財取引と比較して，消費者には大きな選択の自由があり，小さな摩擦で他商品にスイッチできると考えられるため，この要因もモデルの構成要素としない。地域ブランド研究においては自治体のような公的機関が，消費者に知識を蓄積させる主体となると説明されていた。しかし，同時にブランディングの主体と原資の限界が指摘されているところから，消費者の知識を構成するのは事業者が表出する自己表現と提供する商品であると捉え，公的機関の介在は想定しない。ここで想定する消費者は，量販店の店頭やECモールでの買い物において，商品スイッチのコストを要せず他の商品を選ぶ自由が保障されている。その消費者が，対面関係やコミュニティのような密な相互作用の要因によらず，特定の商品を"利用し続ける"という持続購買意向を起こすモデルを構築して検証する。

3　社会的行為論で態度を規定する

態度の概念規定の理論的背景

　消費者の意識内で持続購買意向に影響する態度を概念規定するにあたり，社会科学理論のフレームを適用する。リレーションシップ・マーケティングのモデルのうち，KMVモデルは社会的交換論（Blau, 1964）を参照していた。また複数の研究が共同的-交換的関係論（Clark & Mills, 2012）に依拠している（Aggarwal, 2004, Johnson & Grimm, 2010, 久保田, 2012, Miller et al., 2012,

玉置, 2018)。これらに対して本書は媒介要因の態度を，ウェーバーの社会的行為論（Weber, 1922）に依拠して概念規定する。商品購買の行為はすべて取引相手の他者が存在する社会的行為である（富永, 1997）。また商品を持続的に購入する消費者の内面の態度は行為とは異なり外的に観察できないため，商品を買う意味の理解によって分析されるが，社会的行為論は主体にとっての意味によって行為を区分する。これらから社会的行為論は持続購買意向の態度の概念規定に適用できると考える。

　社会的行為論は行為を4類型に区分する。目的合理的行為は，行いの結果で得られる何らかの目的のための手段となる行為で，価値合理的行為は倫理や信念，美的嗜好のような主体の何らかの価値にもとづいて，結果ではなく対象への行為自体に価値を置く。伝統的行為は習慣や伝統にもとづく行為で，感情的行為は主体の感情，情動にもとづく（Weber, 1922, pp.39-41）。この4類型は**図5-2**のように図式化できる（中野, 2013）。縦軸は主体が自身の行為の意味を理解している程度で，横軸は主体にとって行為自体が目的か手段としての行為かで区分される。4類型は行為を画然と区分するものではなく，実際の行為は座標上のいずれか，または複数類型の混合型がありうる（Weber, 1922, p.42）。

　社会的行為論の類型を消費者の購買行為に適用すると，**図5-3**に示す「社

図5-2 ｜ 行為類型論の構造図式

出所：中野, 2013, p.169, 筆者一部改

会的購買行為類型」となる。商品便益を得るための手段としての購買行為を「便益目的購買」と呼ぶ。便益ではなく商品購入の行為，特定の対象との取引関係自体に価値を置く行為を「関係目的購買」とする。手段的な購入の側で，便益への意識が薄い買い物を「習慣的購買」とし，目的的な購入の側で，感情によってなされる購買を「情動的購買」とする。

　この社会的購買行為類型が購買行為の分析に適用可能かどうかを，既存のマーケティング研究が捉えてきた購買行為との対応で確かめる。便益目的購買は，買い回り品で便益を吟味して商品選択する，多属性態度モデル（Fishbein, 1963）によってよく捉えられる購買行為が典型だろう。消費者が，@コスメや価格コムのような評価サイト，アマゾンほかのECモールの商品レビューを参照し，自分が求める便益が商品から得られるかどうかをじっくり検討して購入するような購買行動は，目的合理的な便益目的購買といえる。習慣的購買は，ふだんの買い物で消費者が認知的な負荷を避けて簡便な方法で商品を選ぶヒューリスティック（Tversky & Kahneman, 1974）な購買が対応する。

　特定の相手からの購入，取引関係自体に価値を置く関係目的購買の典型例は，倫理的消費や応援消費（渡辺, 2014，根本, 2018，水越, 2022）であろう。被災地の地域産品やフェアトレード商品，環境配慮型商品を選択的に購入する行動

図5-3　社会的購買行為類型

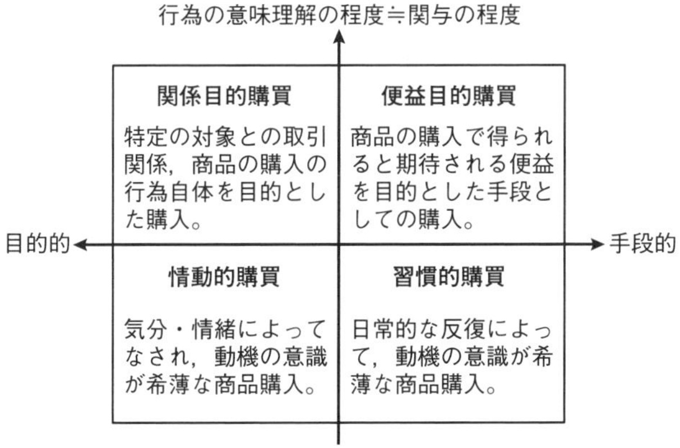

行為の意味理解の程度≒関与の程度

関係目的購買	便益目的購買
特定の対象との取引関係，商品の購入の行為自体を目的とした購入。	商品の購入で得られると期待される便益を目的とした手段としての購入。

目的的 ← → 手段的

情動的購買	習慣的購買
気分・情緒によってなされ，動機の意識が希薄な商品購入。	日常的な反復によって，動機の意識が希薄な商品購入。

や，ファングッズを購入する推し消費（大方，乾，2022）のような購買は，特定の相手との関係に価値を感じて実践される価値合理的な関係目的購買といえる。これらの購買で取引関係自体が目的かどうかは，商品の無料での提供の想定で識別される。たとえば倫理的消費や推し消費では，特定の対象との取引関係に意味があって購入がなされる。そのため，無料で商品を得ても消費者は満足せず，商品と引き換えに代金を支払って，相手と取引関係を結ぶことで，消費者の目的は達せられる。赤い羽根共同募金や伊勢神宮の神宮大麻（神礼）への支払いは寄付や奉納であり，基本的には購買行為の外ではある。しかしこれらの行為を，支払いの代わりに着色した羽や紙のお札の商品を得る購買の行為であると捉えれば，買い手の利他心や信仰の価値観による，商品ではなく取引相手との関係自体に価値を置く，価値合理的な関係目的購買の限界例といえる。目的的な購買の側での情動的購買は，衝動買いが典型となる。このように社会的購買行為類型は，消費者の購買行為の理解に適用できる。

　図5-3の購買行為の類型は典型・理念形であり，実際の購買行為はウェーバー（Weber, 1922, p.42）が言及している社会的行為論の行為区分と同様に，消費者にとって複数の意味をもつ混合型の購買もありうる。典型的ではない購買行為に社会的購買行為類型を適用すると，たとえば「顕示的消費」（Veblen, 1899）は，買った商品による所属階級の表現，"見せびらかし"の利得が目的なら便益目的購買と理解できる。同じ消費者が，他ではなく高級百貨店の上得意客として商品を買うことに価値を感じているのなら，特定対象との購買関係が目的の関係目的購買にあたり，両方の意味があるなら混合型といえる。余暇行動の「楽しむための消費」（Rappaport, 1999）は，たとえば週末にアウトレットモールを訪れる消費者の意識上では対象施設での買い物自体を目的とした関係目的購買であるが，そこでの購買行為は情動的購買の様相を示す可能性がある。顧客が同じ商品を繰り返し買うのはどんな要因が影響しているのか，商品の便益を目的とするか，特定対象との関係が目的なのか。いずれの側面がどの程度，影響しているかは，顧客の内面にある態度の分析，主体の行為の意味の理解で明らかになる。

媒介要因「信頼」

　社会的行為論，社会的購買行為類型を踏まえて，主体のマインド内にある
「態度」の概念規定を行う。商品の持続的購買は意志的な行為であると捉えて，
便益目的購買と関係目的購買を方向づける2つの態度を設定する。購買行為の
既存研究ではアサエルの4区分（Assael, 1984）は，軸の1つが対象への関与
の程度である点で社会的購買行為類型と類似しているが，もう一方の軸が知覚
差異である点が異なる。社会的行為論に直接に対応した既存研究はみられない
ことから，既存の態度概念を参照しつつ便益目的購買と関係目的購買に対応す
る態度を概念規定する。

　便益目的購買を方向づける商品便益を目的とした態度と類似する既存の構成
概念として，多次元的コミットメント・モデル（久保田, 2012, **図2-4**）の
「計算的コミットメント」が想定できる。これは「損得勘定」にもとづいた対
象への意識（ibid., p.85）と定義されることから，この態度によって導かれる
行為は，対象によって得られると期待される商品便益を目的とした便益目的購
買であろうと捉えられる。顧客と事業者の長期的関係の形成要因を分析する
BRQ（Brand Relationship Quality）構成（Fournier et al., 2000）には，「必要
とされるベネフィットが得られる」の項目がある。この項目で測定されるのは
対象から便益が得られると認識している態度だろう。このような諸研究におけ
る要因には，目的とした商品便益が購入する対象から得られると信じる信頼の
成分が含まれていると捉えられる。モーガン＆ハント（Morgan & Hunt,
1994）が参照したロッターの「信頼」は，ある他者や集団の言葉や約束，声明
を信じることができるという一般的な期待であると定義される（Rotter, 1967,
p.651）。これらを踏まえて商品の便益を目的とする目的合理的な態度を，取引
関係における「信頼」と呼び，「取引する相手の商品によって，期待する便益
が得られるだろうと信じる態度」と定義する。

媒介要因「コミットメント」

　取引関係自体に価値を置く関係目的購買にかかわると考えられる構成概念と
しては，KMVモデル（Morgan & Hunt, 1994）では「コミットメント」が，

「交換相手が，相手との持続的な関係は，その維持に最大限の努力を払う価値があるほど重要であると信じること」（ibid., p.23）と定義されている。この態度に方向づけられて表出される行為は，関係目的購買に相当するだろう。多次元的コミットメント・モデル（久保田，2012）の「感情的コミットメント」は，愛着のような情緒や価値評価をともなって構成される，対象への結びつきの感覚と，その相手との関係に対する重要性の意識（ibid., p.88）と定義される。これは関係目的購買を導く態度といえるだろう。BRQ（Fournier et al., 2000）の構成要素の1つとして「愛・コミットメント」があり「他と比べられない特別な存在である」「ほかに目移りすることはない」ほかの項目で測定される。セン（Sen, 1977）は，倫理的な消費行動を例示しつつコミットメントを，自身の厚生の低下にもかかわらず，他者を支援するために選択される行為を基礎づける態度であると定義する（ibid., p.328）。併せてセンは，消費財の購買行動でコミットメントが関与する余地は限られる（ibid., p.330）と述べているが，持続的購買におけるコミットメントの影響は調査で確認する必要がある。地域ブランド研究においても対象への「愛着」（田村，2011）が，購買の持続に貢献する役割が指摘されている。

　これらを踏まえて本書では，対象との取引関係に価値を置く価値合理的な態度を，「必ずしも商品便益とはかかわらず，何らかの価値観にもとづいて，特定の相手との取引関係自体に執着する態度」と定義し，「コミットメント」と呼ぶ。消費者の意識内にあるコミットメントは，信頼の態度とともに媒介要因として，いずれも持続購買意向に影響すると位置づける。

4　持続的価値形成モデルを提起する

　以上を整理すると**図5-4**のような仮説モデルとして示せる。総合的には，形成要因である観察による知識と商品評価の2つの知識が，媒介要因となるコミットメントと信頼の2つの態度に影響し，持続購買意向が起きる。

　要因間の影響関係の仮説では，商品の取引に付随して事業者の振舞いや思いの表現に触れた顧客の「観察による知識」が，自らの価値観で相手を評価して

取引相手との関係を目的的に捉える「コミットメント」の態度を生じさせると考えられる（H1）。同時に事業者の振舞いについての知識は，相手から期待する便益が得られるだろうと予期する「信頼」の態度を喚起しうるだろう（H2）。商品を届ける事業者の姿勢についての知識は，消費する際の評価に影響して「商品評価」が高まる関係がありうる（H3）。商品の消費経験により，期待した便益を確かめる「商品評価」がなされれば，次回購入の際も期待する便益が得られるであろうという「信頼」の態度が消費者のマインドに生じる（H4）。「コミットメント」から「持続購買意向」への影響関係（H5）は特定の相手との取引関係自体に価値を置く価値合理的な関係目的購買を方向づける。「信頼」から「持続購買意向」への影響関係（H6）は，取引する相手の商品で得られる便益を目的とする目的合理的な便益目的購買を方向づける。このように，本書が提起する持続的価値形成モデルを，5つの要因と6つの影響関係の仮説で構成する。

図5-4　持続的価値形成モデル

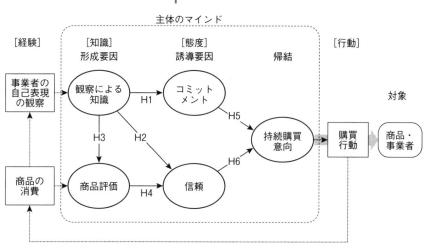

第 **6** 章 | # 実証研究：
持続購買意向の形成作用の検証

　前章で提起した持続的価値形成モデルの妥当性，および要因間の影響関係の
仮説を，一般消費財の顧客を対象とした2つの定量調査で検証する。1つめの
調査は一般消費財の代表的なカテゴリーの顧客を対象とする。一般消費財調査
では全体での分析とともに，顧客生涯価値を強く志向するD2Cブランドと他の
商品の顧客を区分してモデルを検証，要因間の影響関係の違いを分析する。2
つめの調査は地域産品の顧客を対象とした調査で，商品別の分析も行う。また
第2章でみた既存研究で，持続的購買関係の形成要因とされていたエンゲージ
メント行動について，明らかではなかった購買外の相互作用を実践する顧客の
比がどの程度であるのかを分析する。

1　一般消費財の顧客との関係形成作用の検証

調査の設計方針

　持続的価値形成モデルの妥当性と要因間の影響関係を，一般消費財の顧客を
対象とした定量調査で分析する。対象商品は，一般消費財の典型といえるであ
ろうカテゴリーを選ぶこととする。そこで，ほぼすべての消費者が日常的に利
用して反復購入され，商品の選択肢が多いヘアケア商品を選定した。ヘアケア
商品のうち量販店やECで広く販売される代表的な16商品を選び，そのうちに
はD2Cブランドと目される4商品を含んでいる。調査はインターネットパネル
調査（マクロミル）で実施した。全国女性30歳から69歳までを対象にスクリー
ニング調査を実施して，対象商品を"最も利用している"と回答したサンプル

を顧客とした。サンプルの精度担保のために逆質問項目を設けて矛盾回答者を排除し，8,961件を得た。

　モデルの5つの要因を構成する調査項目の設計では，第5章の概念規定を踏まえつつ既存のリレーションシップ・マーケティング研究（Morgan & Hunt, 1994, Fournier et al., 2000, 畑井, 2004, 久保田, 2012, 2018, 斉藤ほか, 2012, 菅野, 2013, 玉置, 2018など）を参照した。作成した**表6-1**の16項目は，"全然当てはまらない"から"非常によく当てはまる"までの7段階の評定法で評価を取得した。調査項目文中の［x］は調査表上では各サンプルが利用するブランド名が入っている。項目のうち"エンゲージメント"区分の2つは，既存研究では明らかではない顧客の購買外行動を測定するために設定した。

　分析方法としては共分散構造分析を適用する。**図5-4**の持続的価値形成モデルは，観察による知識と商品評価が，コミットメントと信頼の態度を喚起し，持続購買意向に影響する構成となっている。これら5つの要因は主体の意識内にあると想定された構成概念であって，外的な行為の観察では捉えられないこ

表6-1 ｜ 一般消費財調査・調査項目設定

潜在変数	項目表記	調査項目
観察による知識	声の反映	[x]は顧客の声を聞いて，商品を作っている
	顧客の声を聞く	[x]は顧客の声や意見を積極的に聞こうとしている
	良い商品づくり	[x]はより良い商品づくりに取り組もうとしている
	良い正しいこと	[x]は良いこと，正しいことをしようとしている
商品評価	商品満足	[x]の商品にとても満足している
	期待どおり	[x]の商品は期待どおりだった
	価格に見合う	[x]の商品は商品は価格に見合っている
コミットメント	愛着がある	[x]に対して，とても愛着がある
	応援する	[x]のことは，損得抜きに応援する
	大切だ	[x]は自分にとって大切な会社だ
信頼	能力がある	[x]は良い商品を作る力がある
	信頼できる	[x]をとても信頼する
	期待に応える	[x]は今後も期待に応える
	今後も満足	[x]は今後も満足できる商品を届ける
持続購買意向	利用し続ける	これからもずっと[x]の商品を利用し続ける
	買うだろう	次回も[x]の商品を私は買うだろう
エンゲージメント	SNSコメント	[x]のインスタなどSNSで，いいね！やコメントをしている
	CSメール	[x]とメールやチャットでやり取りしている

とから，モデルの検証のためには顧客への調査データを用いた統計的な操作を行う必要がある。持続的価値形成モデルの妥当性を評価し，要因間の影響関係を明らかにするため，各構成概念を潜在変数とした共分散構造分析を適用する。分析にはAmos 29.0を利用する。各構成概念の妥当性と信頼性の評価は，変数の一貫性を α 係数で検証したうえで，確認的因子分析を行う。モデルの妥当性はGFI，AGFI，CFI，RMSEAの指標で評価し，H1からH6までの仮説は有意性を p 値で評価，標準化係数で要因間の影響関係の強さを測定する。

モデルの検証・分析

5つの潜在変数を構成する16項目の調査データの記述統計量を**表6-2**に示す。各項目の回答の偏りをみるために，平均値と標準偏差の計の値の7以上を基準に天井効果の検証を，平均値から標準偏差を引いた値の1以下を基準にフロア効果の検証を行った。結果，潜在変数を構成する16項目には，回答の極端な偏りはみられなかった。また，各潜在変数に対応する項目の内的整合性をクロンバックの α 係数で測定した。一般には α 係数は0.7以上が良好とされるが，

表6-2 | 一般消費財調査・結果の概要

		最小	最大	平均	標準偏差	天井効果	フロア効果	α係数
観察による知識	声の反映	1	7	4.41	0.85	5.27	3.56	0.80
	顧客の声を聞く	1	7	4.31	0.83	5.14	3.48	
	良い商品づくり	1	7	4.79	0.94	5.72	3.85	
	良い正しいこと	1	7	4.54	0.88	5.42	3.67	
商品評価	商品満足	1	7	5.15	1.03	6.19	4.12	0.82
	期待どおり	1	7	5.02	1.00	6.02	4.02	
	価格に見合う	1	7	5.06	1.03	6.09	4.03	
コミットメント	愛着がある	1	7	4.79	1.13	5.92	3.66	0.70
	応援する	1	7	4.43	1.04	5.47	3.40	
	大切だ	1	7	4.22	1.44	5.66	2.79	
信頼	能力がある	1	7	4.94	0.95	5.89	3.99	0.88
	信頼できる	1	7	5.01	0.97	5.97	4.04	
	期待に応える	1	7	4.87	0.95	5.83	3.92	
	今後も満足	1	7	4.94	0.95	5.89	3.99	
持続購買意向	利用し続ける	1	7	4.84	1.09	5.93	3.75	0.77
	買うだろう	1	7	5.12	1.42	6.54	3.70	

すべての潜在変数で0.7以上の値であり，基準を満たしていることが確認された。さらに因子構造を確認するために，最尤法による確認的因子分析を行った。各指標の基準は先行研究では，GFIとAGFIは.800以上が許容値で.900以上が望ましく，CFIは.800以上が許容値で.950以上が望ましく，RMSEAは.100以下が許容値で.050以下が望ましいとされている（豊田，2007，星野ほか，2005，Xia & Yang, 2019）。確認的因子分析の結果は，GFI=.941，AGFI=.918，CFI=.919，RMSEA=.066と妥当な範囲の値を示した。

5つの要因で構成される持続的価値形成モデルを，一般消費財の顧客の調査データによる共分散構造分析で検証した結果を図6-1に示す。H1からH6の仮説の標準化係数は正の値で，すべて有意水準1％で支持された。適合指標はGFIは.916，CFIは.934とおおむね良好な値を示しており，モデルは調査データによく適合している。AGFIは.883，RMSEAは.078で許容範囲であり，提起した持続的価値形成モデルは，ここで対象とした一般消費財の顧客において妥当だと判断する。

要因間の影響関係の強さを標準化係数の値でみる。事業者の顧客への振舞いや思いの自己表現を観察して得られる「観察による知識」は，相手との取引関係に価値を置く「コミットメント」に対して強い影響を与え（H1：β=.87），商品便益を期待する「信頼」を高める（H2：β=.48）関係にある。また顧客

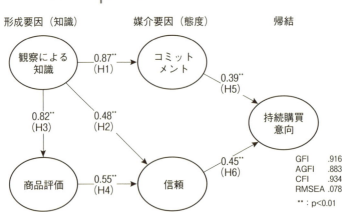

図6-1 持続的価値形成モデル（分析結果）

の「商品評価」は，取引に付随するコミュニケーションで得られる「観察による知識」に強く影響される（H3：β =.82）。「商品評価」から「信頼」への影響（H4：β =.55）はH2と同等以上で，対象の商品から期待する便益が得られるだろうという「信頼」は，「観察による知識」と，消費経験で得た「商品評価」で生じると理解される。

　帰結の「持続購買意向」へのパスは，「コミットメント」からのH5が β = .39 で「信頼」からのH6が β =.45の値を示して，違いはあるがいずれも有意な影響がある。顧客の"商品を利用し続ける"という「持続購買意向」は，"今後も期待に応える"のような顧客の「信頼」の態度によって，また，それだけではなく"自分にとって大切"のような「コミットメント」の態度の，双方の影響によって起きている。ここから一般消費財の顧客の持続的な購買の行為は，商品便益を期待する目的合理的な便益目的購買と，取引相手との関係自体を目的とする価値合理的な関係目的購買の両方の側面がある，混合型の行為だと解釈できる。これらの分析から，商品評価と観察による知識によって喚起されたコミットメントと信頼の態度が，持続購買意向を起こし持続的購買の行為を方向づけて，顧客と事業者の持続的購買関係が形成されるといえる。

2　D2Cにおける持続購買意向の喚起

　つづいてD2Cブランドの特徴を，その他の一般ブランドとの比較で分析する。潜在変数を構成する16項目についてD2Cブランドと一般ブランドに区分し，"当てはまる"のポジティブ側計の比の値を**表6-3**で比較する。"顧客の声や意見"を聞き，"良いこと正しいことをしようとしている"ほかの，観察による知識の潜在変数を構成する諸項目の得点は，D2Cブランドが有意に高く，10ポイント以上の差がある。また"自分にとって大切"ほかのコミットメントの諸項目の得点も高い。商品評価区分では"価格に見合っている"の評価が有意に低い点はD2Cブランドの特徴といえる。これはD2Cブランドの商品が一般ブランドと比較して高い値付けであることの反映だろう。D2Cブランドの高価格は，観察による知識で形成されたコミットメントの態度によって正当化される

94

表6-3 ｜ 利用ブランド区分別項目評価（ポジティブ側計の比）

		D2Cブランド n=445	一般ブランド n=8,516	D2C一般 の差
観察による知識	声の反映	51.2%	36.3%	14.9p **
	顧客の声を聞く	48.5%	30.5%	18.0p **
	良い商品づくり	70.6%	58.4%	12.1p **
	良い正しいこと	56.4%	43.5%	12.9p **
商品評価	商品満足	76.6%	77.0%	-0.4p
	期待どおり	73.7%	71.9%	1.9p
	価格に見合う	58.2%	74.8%	-16.6p **
コミットメント	愛着がある	67.0%	60.5%	6.4p **
	応援する	46.1%	41.2%	4.8p *
	大切だ	58.2%	44.9%	13.3p **
信頼	能力がある	73.9%	67.1%	6.9p **
	信頼できる	72.4%	70.8%	1.6p
	期待に応える	67.9%	63.7%	4.2p
	今後も満足	70.8%	67.7%	3.1p
持続購買意向	利用し続ける	65.6%	60.3%	5.4p *
	買うだろう	71.9%	71.9%	0.0p
エンゲージメント	ＳＮＳコメント	7.6%	5.1%	2.6p *
	メール・チャット	8.5%	3.9%	4.7p **

注：** : p<0.01, * : p<0.05

と理解できる。

　エンゲージメント項目の "SNSでいいね！やコメント", "メールやチャットでやり取り" の得点はD2Cブランドが相対的に高い値を示す。ただし２つの購買外行動の実践を行う顧客の比は，顧客とのエンゲージメントを重視する傾向があるといわれるD2Cブランドの顧客においても１割以下の少数にとどまる。その余の９割超の大多数の顧客は，エンゲージメント行動の相互作用を実践していないことが分かった。D2Cの顧客は商品に対するコミットメントは高い。しかし，たいていの消費者の人生において，シャンプーは暮らしを取り巻く無数の商品の１つに過ぎず，購買外のエンゲージメントの行為にいたるほどではないといえる。

　つづいてD2Cブランドと一般ブランドの顧客を区分し，それぞれに共分散構造分析を適用して持続的価値形成モデルの特徴を比較する。**表6-4**に示した結果を概観すると標準化係数の値はほぼ同傾向を示しており，観察による知識から，コミットメントへのパスのH1，商品評価へのパスのH3の値が高く，商

第6章 実証研究：持続購買意向の形成作用の検証　95

表6-4 │ 利用ブランド区分別持続的価値形成モデル（分析結果）

			D2Cブランド n=445	一般ブランド n=8,516
H1	観察による知識	>コミットメント	0.91 **	0.87 **
H2	観察による知識	>信頼	0.37 **	0.48 **
H3	観察による知識	>商品評価	0.85 **	0.83 **
H4	商品評価	>信頼	0.67 **	0.55 **
H5	コミットメント	>持続購買意向	0.45 **	0.40 **
H6	信頼	>持続購買意向	0.44 **	0.44 **
		GFI	.892	.915
		AGFI	.850	.882
		CFI	.930	.933
		RMSEA	.084	.078

注：** : p＜0.01

品評価から信頼へのH4がそれらに次ぐ。両者の差異をみると，帰結である持続購買意向へのパスH5では，D2Cブランドはコミットメントからの影響が強い。またH1の観察による知識からコミットメントへの影響も比較的に強い。商品の持続購買意向は，D2Cブランドもそれ以外も，おおむね共通する要因間の影響関係で形成されている。ただし，顧客生涯価値を強く志向するD2Cブランドの場合はH1からH5，つまり観察による知識からコミットメントを経る経路の影響が強い。

　D2C事業において多数の顧客と持続的購買関係を形成するのは，顧客とのエンゲージメントや相互作用ではない。事業者の自己表現を観察して得た顧客の知識が，相手との取引関係自体に価値を置くコミットメントの態度を形成することによって，商品を利用し続けるという持続購買意向が喚起されるといえる。

3　地域産品における関係形成作用の検証

調査の設計方針

　地域産品調査の対象として顧客を抽出した事業者を**表6-5**に示す。井上誠耕園（オリーブオイルほか），馬路村農協（ゆずポン酢・ゆず飲料ほか），茅乃舎（だしパックほか），スノーピーク（アウトドア用品・衣料），ヤッホーブルーイング（クラフトビール）の５件である。これらは，すべて消費者の地域についての知識をマーケティング活動に利用して，全国の消費者を相手に一般消費財を販売する，本書でいう地域産品である。第３章２節でみた６次産業化の地域産品の現状は，優良と認定された事例でさえ，多くが小規模企業の域にとどまっていた。これに対して対象商品は積極的に地域外への市場導入を行って消費者に選択され，ある程度の事業規模に成長しているところから選定した。また，顧客との持続的な購買関係形成への志向が強く，社会や顧客への貢献など事業に込めた意思や自らの振舞いを豊富に表現し，ECを活用して複合販路

表6-5　調査対象地域産品・事業者

事業者名	所在地	主要商品	推定売上(2022)	従業員数	主要販路
井上誠耕園	香川県小豆島町	オリーブオイル, 同加工品	97億円	165名	EC・DM
馬路村農協	高知県馬路村	ぽん酢, ジュース, ゆず加工品	30億円	90名	量販卸, EC・DM
茅乃舎	福岡県久原町	茅乃舎だしほかの食品	260億円	1,269名	EC・DM, 直営店
スノーピーク	新潟県三条市	アウトドア用品	308億円	697名	アウトドア店専用売り場, EC
ヤッホーブルーイング	長野県軽井沢町	よなよなエールほかクラフトビール	200億円	222名	コンビニエンス・ストア卸, 量販卸, EC

出所：各社サイト等から作成

を用いたビジネスを展開している。つまり5つの成長した地域産品の事業は，D2C事業と共通する特性がある。

　地域産品の先行研究では食品カテゴリーのみを対象とした分析がみられる（田村，2011，小林，2016）が，これは地域の1次産品や地域文化に由来して食品カテゴリーで有力な商品が地域に生じやすいためであると考えられる。ここでも対象産品のうち4件を食品とした。地域産品のうち菓子類は種類も多く，たとえば北海道の石屋製菓の白い恋人や伊勢の赤福は売上100億円クラスで規模が大きい。しかし地域の銘菓の多くは，主力販売チャネルが観光販路で，地域への訪問客による土産物としての購入，または地域内顧客によるギフト需要が中心となる。本書が焦点とする，地域外のチャネルで販売され，顧客による反復購買がなされる地域産品の典型とは言い難い点から，銘菓を対象としなかった。非食品のカテゴリーでは少数の顧客に愛される各地の伝統工芸品のほか，愛媛の今治タオルや岡山のジーンズのジャパンブルーなど，広く地域外の顧客に購入される地域産品がある。ここではアウトドア用品，衣料のスノーピークを対象とした。

　地域産品の調査もインターネットパネル調査で実施した。全国男女30歳から69歳までを対象にスクリーニング調査を実施し，対象の地域産品について“よく商品を利用している”“非常によく商品を利用している”のいずれかの回答者を顧客として抽出した。サンプル精度維持のために，逆質問項目による矛盾回答者を排除したほか，対象事業者についての知識を聞く自由回答設問の回答内容を検証し，無回答，矛盾記述，無意味記述のサンプルを除外して，1,644件の有効サンプルを得た。

　調査項目は**表6-6**の23項目を設定し，“全然当てはまらない”から“非常によく当てはまる”までの7段階の評定法で取得した。持続的価値形成モデルを検証する分析には，5つの潜在変数を構成する20項目を用いた。調査項目は既存のリレーションシップ・マーケティング研究を参照して作成した。各調査項目と潜在変数の構成は天井効果とフロア効果，a係数，確認的因子分析で検証する。

　分析方法としては一般消費財のヘアケア商品の調査と同様に，共分散構造分析を適用する。地域産品の顧客全体を対象とした分析のほかに，個別の商品の

表6-6 地域産品顧客定量調査項目（項目文中[x]は事業者名）

潜在変数	調査項目	表記
観察による知識	[x]は顧客と，親しくやり取りをしている	顧客やり取り
	[x]は顧客の問い合わせなどにきちんと対応している	顧客対応
	[x]は顧客の声を聞いて，商品を作っている	声の商品反映
	[x]は地域や社会に貢献しようとしている	社会地域貢献
	[x]は顧客の声や意見を積極的に聞こうとしている	顧客の声を聞く
	[x]はより良い商品づくりに取り組もうとしている	良い商品づくり
	[x]は良いこと正しいことをしようとしている	良い正しい意思
商品評価	[x]のサービスにとても満足している	サービス満足
	[x]の商品にとても満足している	商品満足
	[x]の商品は期待どおりだった	期待どおり
コミットメント	[x]に対して，とても愛着がある	愛着がある
	[x]のことは，損得抜きに応援する	応援する
	[x]がやっていることや思いに共感する	共感する
	[x]は自分にとって大切な会社だ	大切だ
信頼	[x]はとても信頼できる	信頼できる
	[x]は良い商品を作る力がある	能力がある
	[x]は今後も期待に応えられる	期待に応える
	[x]は今後も満足できる商品を届ける	今後も満足
持続購買意向	これからもずっと[x]の商品を利用し続ける	利用し続ける
	次回も[x]の商品を私は買うだろう	買うだろう
エンゲージメント	[x]に商品やサービスについて感想や質問などを送っている	感想質問
	[x]のインスタなどSNSで，いいね！やコメントをしている	SNSコメント
	[x]とコールセンターやメール，チャットでやり取りしている	メール・チャット

顧客を対象とした分析を行うこととする。

モデルの検証

　各項目の平均値，標準偏差を**表6-7**に示す。天井効果とフロア効果を検証したところ，潜在変数を構成する20項目については，回答の極端な偏りはみられなかった。モデルの要因としては採用していないが，地域産品の顧客のエンゲージメント行動の実践の程度を計測した3項目は，フロア効果の基準で1を下回っており，"当てはまらない"側への回答の偏りがみられた。a係数はすべての潜在変数で0.7以上の値であり，一般的な基準を満たしていることが確認された。確認的因子分析の結果はGFI=.965，AGFI=.952，CFI=.979，RMSEA=.043であり，各指標が良好な値を示していた。

第6章 実証研究：持続購買意向の形成作用の検証　99

表6-7 地域産品調査・結果の概要

潜在変数	項目表記	最小	最大	平均	標準偏差	天井効果	フロア効果	α係数
観察による知識	顧客やり取り	1	7	4.81	1.14	5.95	3.67	0.87
	顧客対応	1	7	4.79	1.12	5.91	3.66	
	声の商品反映	1	7	4.98	1.11	6.09	3.86	
	社会地域貢献	1	7	4.93	1.12	6.05	3.81	
	顧客の声を聞く	1	7	4.92	1.10	6.02	3.82	
	良い商品づくり	1	7	5.48	1.09	6.58	4.39	
	良い正しい意思	1	7	5.05	1.11	6.16	3.93	
商品評価	サービス満足	1	7	5.31	1.10	6.41	4.20	0.84
	商品満足	1	7	5.68	1.06	6.73	4.62	
	期待どおり	1	7	5.62	1.05	6.67	4.57	
コミットメント	愛着がある	1	7	4.72	1.17	5.89	3.55	0.81
	応援する	1	7	4.51	1.17	5.67	3.34	
	共感する	1	7	4.49	1.14	5.63	3.36	
	大切だ	1	7	4.70	1.10	5.80	3.60	
信頼	信頼できる	1	7	5.50	1.07	6.57	4.43	0.88
	能力がある	1	7	5.68	1.05	6.73	4.62	
	期待に応える	1	7	5.51	1.08	6.59	4.43	
	今後も満足	1	7	5.55	1.06	6.61	4.49	
持続購買意向	利用し続ける	1	7	5.28	1.19	6.47	4.10	0.74
	買うだろう	1	7	5.30	1.12	6.42	4.18	
エンゲージメント	感想質問	1	7	2.39	1.53	3.91	0.86	0.84
	SNSコメント	1	7	2.35	1.58	3.93	0.78	
	メール・チャット	1	7	2.24	1.51	3.75	0.73	

　持続的価値形成モデルを，地域産品の顧客の調査データによる共分散構造分析で検証した結果を**図6-2**に示す。各仮説の標準化係数は正の値を示し，すべての仮説が有意水準1％で支持された。得られたモデルの適合度の指標をみると，GFI=.956，AGFI=.942，CFI=.973，RMSEA=.047と，4つの指標が良好な値を示している。この結果から，形成要因である観察による知識と商品評価の2つの知識が，媒介要因となるコミットメントと信頼の2つの態度に影響して，商品への持続的な購買意向が起きる持続的価値形成モデルは，地域産品の顧客においても妥当であると判断する。

　地域産品に適用した持続的価値形成モデルの，各要因間の影響関係の強さを標準化係数の値でみる。地域産品の事業者による自らの思いや顧客への振舞いの自己表現を顧客が観察して得られる「観察による知識」から他要因への影響

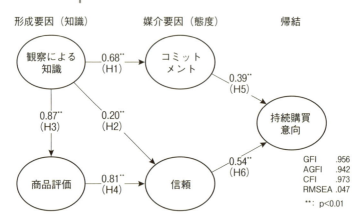

図6-2 地域産品の持続的価値形成モデル（分析結果）

は，コミットメントに対してのH1が $\beta=.68$ で，信頼へのH2が $\beta=.20$，商品評価に対するH3は $\beta=.87$ であった。地域産品を利用している顧客の商品評価は，取引に付随するコミュニケーションで得られる，観察による知識に強く影響されるといえる。商品評価から信頼への影響のH4は $\beta=.81$ で，H2の観察による知識からの影響よりも顕著に強い。対象の地域産品からは期待する便益が得られるだろうという信頼の態度は主に，顧客が1回以上消費した経験で得た商品評価によって生じると解釈される。コミットメントへの商品評価からの影響の仮説を加えたモデルを試みたが，同パスの影響関係は有意とならなかった。地域産品の取引関係自体に執着するコミットメントの態度は，観察による知識の影響によって喚起されている。

　モデルの帰結である地域産品の持続購買意向への影響関係は，コミットメントからのH5が $\beta=.39$ で，信頼からのH6が $\beta=.54$ の値を示した。地域産品の事業成長へと導く顧客の持続購買意向は，"今後も期待に応えられる"のような商品便益を目的とする顧客の信頼の態度に影響されて，併せて"自分にとって大切"のような取引関係自体を目的とするコミットメントの態度の影響によって起きるといえる。

4 エンゲージメント行動と観察による知識

　地域産品の顧客のエンゲージメント行動の位置づけを確認するために，3つのエンゲージメント項目および，観察による知識を構成する項目のデータと併せて図6-3のグラフに示す。顧客を抽出した5つの地域産品の事業者は，一般的なナショナル・ブランドと比較すれば，総じて顧客との相互作用の実践に積極的なタイプの事業者ではある。しかしその顧客のうち，CEVコンセプト（Kumar et al., 2010）の顧客知識価値に相当する，商品の"感想や質問"を事業者に届けるエンゲージメント行動を実践している顧客は，"やや当てはまる"の9%も含めて13%にとどまる。同様に相互作用の実践のハードルの低い"SNSでいいね！やコメント"の行動は12%，メールやチャットでの"やり取り"の相互作用を実践している顧客は10%と，エンゲージメント行動を実践す

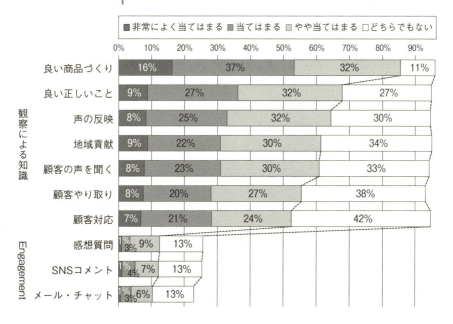

図6-3　顧客のエンゲージメント行動と観察による知識

る顧客は少数派である。その一方で，地域産品の事業者が"顧客と親しくやり取りしている"，"きちんと対応している"，"地域や社会に貢献しようとしている"ことは過半の顧客が知っている。地域産品の顧客で，事業者とのやり取りほかのエンゲージメント行動を実践している顧客は一部に限られる。しかし，多数の顧客は一部の顧客と事業者の相互作用や社会とのかかわりの自己表現を観察することで，事業者の振舞いや意思についての知識を得ていると捉えられる。この点から顧客エンゲージメントの行動実践が直接に影響する範囲は小さく，事業者の自己表現に接触する多数の顧客の観察による知識が，コミットメントと信頼の態度を介して，持続的購買関係の形成に貢献していると解釈できる。

5　商品別の持続購買意向の喚起

　持続購買意向が喚起される影響関係は商品・事業展開によって異なり，一様ではないとも考えられる。今回の調査で顧客を抽出した5つの商品ごとの分析で差異を捉え，マーケティング施策と意識の関係についての示唆を得る。それぞれの顧客データによる共分散構造分析を**表6-8**のように行った。各商品における標準化係数を総じてみると，商品評価から信頼へのH3と，観察による知識から商品評価へのH4，また観察による知識からコミットメントへのH1の影響が相対的に強いという関係は，5つの商品におおむね共通している。商品が異なっていても持続購買意向は，基本的には類似する顧客の内面の影響関係の構造によって起きていると考えられる。

　持続購買意向に対しては**図6-2**に示した顧客の全体ではH5・H6ともに有意で，H6の信頼からの影響がH5のコミットメントからの影響よりも強い結果となっていた。商品別にみても，すべての商品で持続購買意向への影響関係はH5・H6の双方で有意であり，目的合理性と価値合理性の両方の態度の影響がある混合型であるといえる。ただしH5とH6の値の傾向は商品によって異なっており，スノーピークではコミットメントからの持続購買意向への影響のほうが強い結果となっている。同じく混合型であっても商品によって，顧客の内面

でH5のコミットメントからとH6の信頼からの，顧客の持続購買意向を起こす影響力の程度が異なっている。信頼とコミットメントの影響力の違いの分析のために，各商品のH5／H6比をコミットメントの影響力の指数として**表6-8**中に示した。この値を順にみると，①スノーピークと②茅乃舎は顧客の意識内でコミットメントの影響が強く，③井上誠耕園はそれに次ぐ。④ヤッホーブルーイングと⑤馬路村農協はコミットメントの影響が弱い。

　このコミットメントの影響程度の違いは商品の販路・売り場の違いに由来し，商品の付加価値の違いに現れていると推測される。今回対象とした5つの商品は，それぞれ競合するナショナル・ブランド（NB）の商品と比較して高い価格設定となっている。高価格の商品への持続購買意向をささえているのは，商品と事業者に対する顧客のコミットメントと信頼の態度であると捉えられる。そのなかにあってコミットメントの持続購買意向への影響力が比較的に弱い2つの商品の売り場と価格設定をみる。ヤッホーブルーイングと馬路村農協の商品は小売に卸されてコンビニエンス・ストアのリーチイン，スーパーの定番棚で他の商品と並んで販売されており，NB商品との価格差は決定的には大きくない。ヤッホーブルーイングのクラフトビールの売価は，NBレギュラービールの1.1倍程度でNBプレミアムビールとは同程度の価格であり，馬路村農協のぽん酢もNB同等商品の1.1倍程度の価格で売られている（イオン・ローソン各

表6-8 │ 商品別の持続的価値形成モデル（分析結果）

	全体 n=1,644	井上誠 n=150	馬路村 n=436	茅乃舎 n=484	スノーP n=353	ヤッホーB n=221
H1観察による知識＞コミットメント	.68 **	.62 **	.70 **	.67 **	.71 **	.66 **
H2観察による知識＞信頼	.20 **	.18	.07	.11	.24 **	.16 *
H3観察による知識＞商品評価	.87 **	.85 **	.83 **	.85 **	.89 **	.77 **
H4商品評価　　　＞信頼	.81 **	.89 **	.95 **	.86 **	.75 **	.84 **
H5コミットメント＞持続購買意向	.39 **	.40 **	.23 **	.46 **	.68 **	.31 **
H6信頼　　　　　＞持続購買意向	.54 **	.54 **	.66 **	.44 **	.31 **	.68 **
H6/H7比：コミットメント影響力指数	0.72	0.74	0.35	1.05	2.19	0.46
GFI	.956	.830	.890	.904	.897	.832
AGFI	.942	.783	.859	.877	.868	.785
CFI	.973	.898	.940	.950	.948	.911
RMSEA	.047	.078	.069	.060	.062	.084

注：* : $p < .05$，** : $p < .01$

店頭価格，2023年9月）。これに対してコミットメントの影響力が大きい3件の商品の主要販路は，スノーピークはスポーツ用品店の同社専用売り場や直営店と自社ECで，茅乃舎と井上誠耕園は自社ECとカタログおよび直営店で，いずれも自社売り場を主力としており，NBよりいっそう高い値付けになっている。たとえば茅乃舎のだしパックは競合のNBの同等商品と比較して，1.4倍から1.6倍程度の単価で売られている（同社ECサイト・イオン店頭価格，2023年9月）。スノーピークは顧客の商品についての知識で，品質と価格が「高い」という語が頻出語として上位に出現するほど，同社の高価格は顧客に認知されている（**表6-16**）。

　これらの商品において，NBの同等商品より高い値付けを顧客が正当化して持続購買意向を起こすうえでは，商品便益の評価に影響されるH6の信頼に加えて，H5のコミットメントの影響が強く求められるだろう。つまり値段が高くとも"商品を利用し続ける"という意向が起きる際には，対象との関係に価値を置く"とても愛着がある"といった態度の作用が影響する。コミットメントの影響が強い3件の商品の事業者は，顧客への提供情報をコントロールしやすく豊富に届けられる自社の売り場を選択している。そこで取引に付随して顧客への振舞いや思いを自己表現し，顧客の内面に事業者についての観察による知識を蓄積して，商品と事業者へのコミットメントの態度を生じさせているのではないか。自社独自の販路と提供情報の豊富さが，マーケティング展開上で有利な，高価格を許容する態度を顧客の内面に形成し，高い付加価値に現れていると考えられる。

6　持続購買を促す実践と成果

　ここまでは持続的購買関係の分析のために，意識内の要素を構成概念に縮減して捉えてきた。ただし，それぞれの商品と事業者はそれぞれに固有の存在であり，対象についての顧客の意識は個別具体的な内容をもつ。顧客の知識は，個々の商品の消費や，事業者の自己表現への接触の経験によって蓄積される。その知識がどういう内容であるのか，知識によっていかなる態度が形成されて

いるのかを分析し，抽象化された意識モデルの具体化を図りたい。今回の調査では，各産品について「知っていることや印象など」の自由記述を取得している。定量調査の対象とした5つの商品のマーケティング施策を概観したうえで，各顧客の知識内容と印象の自由記述データに，KH coder（樋口，2017）を用いたテキストマイニングの頻出語分析を適用した結果を示す。これらの分析より一般消費財の顧客において，事業者の自己表現とモデルに示した知識と態度が，どのような影響関係にあるかを個別のケースで検証する。

誠実なオリーブ商品を届ける井上誠耕園

香川県小豆島の農家で1997年に農業法人となった同事業は，**表6-9**に示すようにオリーブオイルを原料とした食品，化粧品を販売する。人口が減少する島でUターン，Iターンの従業員を含めて165名の雇用を生み，100億円近い売上に成長している。そのコミュニケーション展開では，オリーブの産地として知られた瀬戸内海の小豆島の地名と産地風景を訴求しており，同事業は地域ブランド知識を利用して販売する地域産品である。品ぞろえの中心となるのは小豆島産手摘みオリーブオイルを原料とする，食用油と美容オイルである。ただし同島産の原料は供給に限りがあるため，スペインの提携農家で収穫された原料も利用すると表明している（井上誠耕園，2023）。同社の自己表現はインスタグラム，フェイスブックのソーシャルメディアとブログ，顧客向けのダイレ

表6-9 井上誠耕園事業概要

事業名	井上誠耕園
所在地	香川県小豆島町
売上（推定）	97億円（2022）
従業員数	165名
商品	オリーブオイル原料を中心とした食品，化粧品
販路	EC・カタログDMなどメディアを介した消費者への販売
主ターゲット	50代以上女性
認知率（30歳上男女，2022）	19%
ソーシャルメディアフォロワー	インスタグラム：14,000人（#inoue.olive） フェイスブック：15,000人

出所：同社サイト等より作成

クトメールほかのチャネルで行われており，瀬戸内の海を背景とした島の風景や，オリーブ畑ではたらく従業員たちの顔，素材と商品に対する思いの要素などが表出されている。顧客との相互作用はソーシャルメディアのいいね！ほかの機能，メール，ハガキ，コールセンターで実践されている。インスタグラムでの「#井上誠耕園」のハッシュタグは，1.4万件の投稿（2023年 5 月）があり，商品やメニューの画像が顧客間で共有されている。商品の販路はメディア経由の販売が主であり，顧客リストへの電子メールとダイレクトメールを通じて自社ECサイトほかのチャネルでの持続した購入へと誘導する。直営店が高松市と小豆島にあり，同社のファンとなった顧客の一部は小豆島の店を訪れて直接接触の経験をもつ。

　井上誠耕園に対して顧客は表 6 -10に示したように，美味しいオリーブオイルや肌に良い化粧品を届ける会社であるとの知識があり，その商品は自然で安心で品質と価格が高いと評価している。具体的な商品についての記述では，「品質はとてもよく気に入っている」「商品は魅力的」のような評価がなされている。同社のダイレクトメール，電子メールの自己表現から顧客は，事業者の姿勢についての知識を得て，それぞれの価値観で評価がなされる。「生産者さんの顔が分かるので安心できる」「オリーブの収穫などの話題が載っていて思

表 6 -10 ｜ 井上誠耕園についての自由記述頻出語

区分	出現語		出現率	区分	出現語		出現率
01 商品	オリーブオイル		38.0%	13 商品評価	高い		6.7%
02 評価	良い		25.3%	14 評価	ていねい		6.7%
03 商品	オリーブ		24.0%	15 評価	顧客		6.7%
04 地域	小豆島		21.3%	16 評価	誠実		6.7%
05 商品評価	美味しい		20.0%	17 購入	新聞広告		6.0%
06 利用	肌		13.3%	18 評価	好き		5.3%
07 商品評価	品質		10.0%	19 購入	店		5.3%
08 商品	化粧品		9.3%	20 商品	食品		5.3%
09 評価	自然		8.7%	21 商品	家族		4.7%
10 名	井上誠耕園		8.7%	22 評価	対応		4.7%
11 評価	安心		8.0%	23 利用	大切		4.7%
12 利用	美容		8.0%	24 購入	贈る		4.7%

いが伝わります」「地域貢献しており，風光明媚な島で地元の人も明るくはたらいていて凄く良い」「地域で頑張っているのは好感がもてる」といった記述がある。地元産ではない，スペイン産原料使用の明言についても，「正直で気持ち良い」との評価がされる。同事業の名には「誠」の字があるが，自己表現と顧客との対応に現れた姿勢から，「頻繁に購入していない顧客も大事にする」「誠実に対応してもらっている。品質も良く信用につながっている」「顧客対応は親切ていねいで誠実」と誠実さの認識が形成されている。これらの結果，顧客は井上誠耕園に対して「嫌味がなく優しい印象で心動かされ，使ってみようかな，使いたいと感じた」「今後も買っていくんだろうなぁ」「環境にも体にもいいものが多く応援したくなる」との持続購買意向の態度が喚起されている。

村への愛着を喚起する馬路村農協

同事業は人口723名（2023年）の高知県馬路村からゆず加工品を販売するもので，**表6-11**に示すような事業を展開して，ゆずを主要産品とする同村をささえている。ぽん酢「ゆずの村」は問屋経由でイオンほか全国の量販店で販売されて，これが主力販路の1つとなっている。ゆずジュースの「ごっくん馬路村」ほかの商品は高知県内の店舗および，自社ECやダイレクトメール，楽天市場のECモールを通じて全国の顧客に販売される（谷本，2009，岩永，2020）。同事業の自己表現の特徴は，ゆずが育つ村の風景や村民，子供たちの姿のイラ

表6-11 馬路村農協の事業概要

事業名	馬路村農協
所在地	高知県馬路村
売上（推定）	30億円（2022）
従業員数	93名
商品	ぽん酢，ジュースなど，ゆず加工品
販路	量販店への卸販売， EC・カタログDMなどメディアを介した消費者への販売
主ターゲット	40代以上女性
認知率（30歳上男女, 2022）	23%
ソーシャルメディア フォロワー	インスタグラム：2,394人（#insta_umaji59） フェイスブック：3,867人

出所：同社サイト等より作成

ストと写真，筆文字で構成された印象の強い独特のVI（ビジュアル・アイデンティティ）である。商品のラベルをはじめとして自社ECサイトやソーシャルメディア公式サイト，リストのある顧客に送付される「馬路村新聞」ほかのツールで同社のVIが表現されている。メディアを介した販売では，20席ほどのコールセンターと商品同梱ハガキ，メールでの返信が，顧客との主たる接点になっている。ソーシャルメディア等でコミュニティの確立を図る施策は積極的には実施していないようだが，高知市にある直営店，スポット的に開催される各地の百貨店での催事販売では顧客との直接接触機会をもつ。

　馬路村農協は美味しいユズのポン酢を高知から提供するものであると**表6-12**のように顧客は認識している。その商品を利用した顧客は，「安心・安全な自然の味を味わえる信頼感」「好素材，手抜きなし」「ずっと馬路村一筋」「ずっとリピートしています」「母に教わり愛用している」といった評価を示しており，特に顧客の記述に「大好き」「愛用」といった強い評価語が現れる点が特徴になっている。これは商品自体の評価に加えて，商品ラベルや商品同梱ツールで豊富に表現された独自のアイデンティティのあるコミュニケーションが功を奏して事業者への愛着を生じさせていると考えられる。量販店経由ではなくECやDMのメディアを通じて商品を購入した顧客は，送られてくる自己表現

表6-12 ｜ 馬路村農協についての自由記述頻出語

区分	出現語	出現率	区分	出現語	出現率
01 商品	ポン酢	41.7%	13 商品評価	愛用	3.9%
02 商品評価	美味しい	40.8%	14 購入	スーパー	3.2%
03 商品	ユズ	32.3%	15 商品評価	価格	3.2%
04 地域＆名	馬路村	23.2%	16 商品評価	気に入る	3.2%
05 地域	高知	9.6%	17 評価	嬉しい	3.0%
06 評価	好き	7.6%	18 購入	手	3.0%
07 評価	良い	7.1%	19 購入	昔	2.8%
08 評価	大好き	5.7%	20 購入	土産	2.8%
09 評価	高い	5.5%	21 商品評価	香り	2.8%
10 商品	ラベル	5.3%	22 評価	ていねい	2.5%
11 商品	ジュース	4.4%	23 評価	リピート	2.3%
12 利用	今	4.1%	24 評価	自然	2.3%

を評価して，馬路村に気持ちを寄せている。「毎回工夫が凝らしてあって個人的な手紙や壁新聞のようでとても好き」「季節ごとの村のようすが見えるお知らせが来ると和む」「発売当初は大変なご苦労があったそうですね」「自然を大切にした地域の方たちとの取組みはすばらしい」のような記述がある。その結果，「馬路村農協も高知も本当に大好き」「これからも頑張ってください。応援しています」「これからも買います。馬路村農協さん応援しています」と，事業者への愛着と持続購買意向を示す顧客も現れる。

贈答でも顧客を広げる茅乃舎

福岡県久山町の小規模な醤油蔵だった久原本家は，現在では**表6-13**に示すように年商260億円，従業員数は1,000名を超え，ナショナル・ブランドの中堅食品メーカーに匹敵する規模になった。事業成長の基盤となったのは主力商品のだしパック「茅乃舎だし」である。同社が別銘柄で販売している明太子は土産物・贈答のスポット的な需要はあるものの，日常利用には適さず収益性，成長性に限界がある。そこで単価は低いが家庭での日常利用が可能な，だしパックの事業を2005年にはじめた。だしパックの発売にあたって4億円を投資して地元久山町に藁葺き屋根の料理店を設け，店が商品を届ける主体，根拠地であると設定して，パッケージや広告に掲載する事業アイコンとしている（太宰，2017，岩永，2020）。新規顧客は当初は新聞広告，現在ではソーシャルメディ

表6-13 ｜ 茅乃舎事業概要

事業名	茅乃舎
所在地	福岡県久原町
売上（推定）	260億円（2022）
従業員数	1,269名
商品	茅乃舎だしほかの食品
販路	EC・カタログDMなどメディアを介した消費者への販売 全国38店の直営店での販売
主ターゲット	50代以上女性
認知率（30歳上男女，2022）	39%
ソーシャルメディア フォロワー	インスタグラム：128,000人（#kayanoya.official） X（Twitter）：21,000人（@kubara_honke）

出所：同社サイト等より作成

アでのデジタル広告が主力となって獲得し，自社ECサイトと定期発行のカタログ，スマートフォンアプリを介してリピート購入を得る。購入者に対する自己表現は，自社サイトやDMを通じた顧客の声の紹介，久山町の料理店の紹介，商品原料の産地・生産者についての情報提供，食器や調理用具の提案，商品を使った季節のレシピ紹介がなされている。インスタグラムでの「#茅乃舎」のハッシュタグは，9.8万件の投稿（2023年5月）があり，商品を使ったメニューの画像が投稿，共有されている。全国主要都市の百貨店ほかの商業施設には，38店舗の直営店を構えて顧客との直接接触機会を確保し，店舗での購入もメディアを介した販売とのポイントが連動している。

表6-14に示すように茅乃舎は，美味しい出汁を提供するものであると顧客に認識されている。同社の無添加の国産素材のだしパックに顧客は，高い評価を与えている。「手間暇かけて作られたものはやっぱりいい」「知人からの薦め文句通り，本格的で安心できる」「鍋を作ったのですが，いただいた瞬間に感動しました」「化学調味料を使わない自然の旨みを引き出す，最高の出汁です」ほかの商品に関する記述が得られた。同社についての顧客の記述の頻出語で特徴的なのは，プレゼント・贈答利用がさかんなことがうかがえる点である。「福岡土産に茅乃舎の出汁パックやしょうゆなどをもっていってあげるとめ

表6-14 │ 茅乃舎についての自由記述頻出語

区分	出現語		出現率	区分	出現語		出現率
01 商品評価	美味しい		43.5%	13 利用	レシピ		3.7%
02 商品	出汁		42.6%	14 評価	安心		3.4%
03 名	茅乃舎		12.9%	15 商品	出汁パック		3.4%
04 購入	店		9.5%	16 商品評価	価格		3.4%
05 利用	料理		9.1%	17 商品評価	使える		3.4%
06 評価	良い		6.8%	18 利用	味噌汁		3.1%
07 評価	喜ぶ		5.6%	19 商品評価	素材		3.0%
08 評価	嬉しい		4.2%	20 購入	店員		2.8%
09 購入	プレゼント		4.0%	21 購入	友人		2.8%
10 地域	福岡		4.0%	22 商品	野菜		2.6%
11 評価	高い		3.9%	23 評価	好き		2.5%
12 評価	ていねい		3.9%	24 商品	無添加		2.4%

ちゃくちゃ喜ばれる」「茅乃舎さんとの初めての出会いは，知人から出汁をいただいたこと」「一番初めは福岡に住む友人からのプレゼント」「先日，御礼にと茅乃舎の商品を頂き，凄く嬉しく思いました」の記述にあるように，利用のきっかけが贈答だった顧客の例がみられる。茅乃舎においては顧客による贈答が，第2章3節でみたCEVコンセプト（Kumar et al., 2010）に示された顧客紹介価値のエンゲージメント行動の一種として，新規顧客を獲得する機能をもっているようだ。同社の顧客との応対は，「詰め合わせの相談も丁寧に乗っていただいた」「メールで問い合わせしたら，きちんと丁寧に回答していただいた」「ネット上では親切丁寧に対応している」と評価されている。また自己表現のうち，商品を使ったレシピは好評のようだ。「出汁を購入したときもらえるレシピ集が楽しみです」「季節ごとのカタログやレシピ集の写真が色鮮やかで美味しそうなので，色々作りたくなる」と，定期的なサイト訪問，商品購入に誘導する役割をも果たしている。これらコミュニケーションによって，地域から商品を届ける事業者に対する顧客の気持ちのつながりが起きている。「自然に読み物として茅乃舎の取組みやスタンス，食へのこだわりと愛が伝わってくる」「福岡の小さなしょうゆ蔵から始まり，今では手広く全国展開をしている所以は，揺るぎのない食を見つめる温かくて真摯なまなざしによるものだと感じている」「福岡出身なので，全国的にも有名な茅乃舎が身近にあることは誇らしい」といった態度を示す記述がなされている。

高付加価値を実現するスノーピークの姿勢

　1958年創業のスノーピークは「人間性の回復」という大きな理念，「人生に野遊びを」というテーマをもつ。アウトドア用品市場のなかでも，品質とデザイン性にささえられたハイエンドの価格帯のアウトドア用品の製造，販売の事業を，**表6-15**に示すように展開している。販売チャネルは国内販売の7割がスポーツ用品店ほかでの自社専用売り場での販売，自社ECが1割，直営店が2割で，小売・ECを通じた間接販売を主力の販路としている。同事業は高品質のテントペグや鍋を，金属加工の集積で知られた新潟・燕三条地域で製造する国産の"モノづくり"を基盤とする。また，全製品の永年の修理を保証する「永久保証」により，商品を購入した顧客との持続的な関係を訴求している。

表6-15 スノーピーク事業概要

事業名	スノーピーク
所在地	新潟県三条市
売上（推定）	307億円（2022）
従業員数	697名
商品	アウトドア用品
販路	アウトドア店の専用売り場，直営店，EC
主ターゲット	30，40代アウトドア志向層
認知率（30歳上男女, 2022）	35.20%
ソーシャルメディア フォロワー	インスタグラム：434,000人（#snowpeak_official） X（Twitter）：97,000人（@snowpeak_japan）

出所：同社サイト等より作成

　同社は物財を販売するだけでなく，顧客に"野遊び"を楽しんでもらう場とて三条市の本社敷地でキャンプ場を運営しており，アウトドアの経験を顧客に提供する同事業の根拠地としている（山井, 2015, 2016）。同事業の顧客のうち78万人がポイント会員としてリスト化されており（スノーピーク, 2023），インスタグラムフォロワーは43.4万人（2023年）と，ソーシャルメディアを通じた顧客コミュニケーションに積極的である。同事業は，商品開発への顧客の関与とその訴求に特徴がある。数百人単位のキャンプイベントを年間10回程度，実施しており，そこで得られる顧客の声のフィードバックは商品開発，ブラッシュアップに役立てられる。またECによる購入者に対しては商品についての評価を得るための依頼メールを発送し，3％超の返信（日本マーケティング研究所, 2021）が得られているという。

　スノーピークは顧客にとって表6-16に示すように，価格と品質が高い，デザインの良いアウトドア，キャンプ用品を提供するものであると認識されている。その商品に対しては「手作りで，丁寧に仕事されているので，こちらも大切に使っていきたい」「チタン製のコーヒーカップを，もう25年ぐらい使っている」「金額は高めだが製品がしっかりしていて安心感がある」「デザインが好きで愛用しています」のような評価を得ている。商品の品質に責任をもつ姿勢からなされている永久保証の施策については「修理を依頼できることで，長く愛用できる」「永久保証があるので万が一の時に修理してもらえる安心感」

第6章　実証研究：持続購買意向の形成作用の検証　113

表6-16 スノーピークについての自由記述頻出語

区分	出現語		出現率	区分	出現語		出現率
01 商品	キャンプ		20.1%	13 商品評価	シンプル		4.0%
02 名	スノーピーク		18.4%	14 商品評価	使える		3.7%
03 評価	良い		14.4%	15 評価	自然		3.4%
04 評価	高い		13.3%	16 利用	揃える		3.1%
05 商品	アウトドア		11.0%	17 利用	修理		3.1%
06 商品	テント		9.9%	18 評価	対応		3.1%
07 商品評価	価格		9.3%	19 商品	開発		2.5%
08 商品評価	デザイン		8.5%	20 その他	社会		2.5%
09 商品評価	おしゃれ		7.6%	21 地域	日本		2.5%
10 商品評価	品質		7.1%	22 利用	野遊び		2.5%
11 評価	好き		4.8%	23 評価	ていねい		2.5%
12 商品評価	愛用		4.2%	24 評価	安心		2.3%

「チェアを無料で修理していただいた」と顧客の信頼形成に貢献している。顧客のフィードバックによる商品開発は，事業者の姿勢の理解と評価につながっている。「顧客の声を聞き，商品に活かす」「顧客の意見を聞いてどんどん便利な物を開発」「いかに使いやすいかを使用者目線で開発してくれている」「ユーザーからの声に真摯に耳を傾けている」といった回答があった。拠点地域である燕三条の地域名の出現は上位頻出語ではないが，日本製であることが商品品質の担保につながっているようだ。「燕三条の国産メーカー」「日本製のていねいなモノ作り」「日本の企業なので安心感は抜群に良い」「日本製だから」「日本製で安心」「国産メーカーというだけで応援したくなる」などの対象に対する信頼を示した記述がある。

　商品に加えて，自然と親しむ"野遊び"を提供したいという姿勢は顧客にも伝わっており，事業者への評価に影響している。「野遊びを楽しむモノ作り」「子供と野遊び，最高です」「気軽に自然のなかで過ごすことがたのしめるようになった」「自然の大切さや未来への持続可能性に気付かせてくれる」「楽しさを教えてくれている野遊びという言葉にワクワクした」といった回答があった。その結果として顧客は「燕三条の会社兼キャンプ場を以前利用しました。雰囲気や環境が素晴らしく今まで利用したキャンプ場のなかでも１番好きです」

「非常に愛着がわいている」「我が家にはなくてはならない」「キャンプの思い出はスノーピークと共にあります」といった，事業者との関係自体を大切に思うコミットメントの態度を喚起している。

ヤッホーブルーイングのファン形成

ヤッホーブルーイングは1997年に星野佳通氏が軽井沢で創業したビール会社である（表6-17）。同社が販売するのは味や香りに個性があるクラフトビールの商品群で，メイン商品の「よなよなエール」のほか「水曜日のネコ」「インドの青鬼」のようなネーミング，印象的なパッケージデザインに特徴がある。創業当初は地ビールのブームに乗ってスーパー，コンビニエンス・ストアへの販路を拡大したが，その後のブームの沈静により店舗での扱いもなくなり，売上は低迷した。その後，細々と続けていたECモールでの販売が2005年ごろから成長していった。拡大にはEC顧客に送付するメールマガジンによるファンづくりとイベントが貢献した。同社のファン向けイベントは2010年から数十人規模でスタートし，2015年には軽井沢で500人規模，2018年には5,000人規模のファン向けイベントが催されている。関与の高いファンの支持を受け，2012年ごろからのクラフトビールの隆盛にも助けられて，コンビニエンス・ストアと量販店での同社商品の扱いが復活した。キリンビールとの資本・製造販売提携の協定も結び，同社の事業は200億円の規模に成長している（佐藤，2021，山

表6-17 ｜ ヤッホーブルーイング事業概要

事業名	ヤッホーブルーイング
所在地	長野県軽井沢町
売上（推定）	200億円（2022）
従業員数	222名
商品	よなよなエールほかのクラフトビール
販路	コンビニエンス・ストア，量販店への卸販売，EC
主ターゲット	40代男性
認知率（30歳上男女，2022）	18.10%
ソーシャルメディアフォロワー	インスタグラム：60,000人（#yonayona.ale）X(Twitter)：132,000人（@yohobrewing）

出所：同社サイト等より作成

下, 2018）。

　同社の現在の主たる顧客接点はイベントと軽井沢の工場見学のほかは，ソーシャルメディアとパッケージである。ソーシャルメディアでは，ビールを飲むさまざまな場面の楽しさ，ビールに合わせるメニュー，商品や製法についての情報が顧客と共有され，「ビールに味を！人生に幸せを！」という同社の企業ミッションに沿うコミュニケーションが実践される。

　表6-18の頻出語からヤッホーブルーイングについて顧客は，美味しいクラフトビールの会社として認識しており，同社のビールは種類が多く味わいがあって香りが良い，「ビールへのこだわり，愛着が他メーカーと比較して強い」と評価されている。拠点地域については「軽井沢への愛を感じる」「直営のビアガーデンが好きで，軽井沢によく行く」と拠点としての認識がされており，「軽井沢に旅行して初めて知った」と認知経路にもなっている。個性的な商品名は顧客の記憶に残り，上位に出現している。商品名のほか，パッケージ，デザイン，ネーミングの語が現れており，「ネーミングセンスに惹かれ，ビールを購入した記憶があります」「かわいらしいパッケージとネーミング」「選ぶのが楽しくなるイラスト」のような記述で顧客は評価している。楽しい，面白いの評価語は他の商品の顧客では上位に出現しておらず，同社のマーケティン

表6-18 ヤッホーブルーイングについての自由記述頻出語

区分	出現語	出現率	区分	出現語	出現率
01 商品	ビール	34.4%	13 評価	楽しい	6.3%
02 商品評価	美味しい	32.6%	14 商品評価	ネーミング	6.3%
03 商品	よなよなエール	25.8%	15 購入	スーパー	5.9%
04 商品	クラフトビール	19.9%	16 評価	面白い	5.9%
05 評価	良い	14.0%	17 商品評価	価格	5.9%
06 評価	好き	14.0%	18 商品評価	香り	5.4%
07 商品	インドの青鬼	10.0%	19 評価	ファン	5.0%
08 商品	水曜日のネコ	8.6%	20 購入	店	4.1%
09 名	ヤッホーブルーイング	8.1%	21 評価	嬉しい	4.1%
10 商品評価	パッケージ	7.7%	22 評価	気に入る	4.1%
11 地域	軽井沢	7.2%	23 商品	種類	4.1%
12 商品評価	デザイン	6.8%	24 商品評価	味わい	4.1%

グ・コミュニケーションの特異性が現れている。また同社のファンづくりの姿勢，ファンへの対応も評価されている。「ファンを大切にしながら事業を拡大し続けた」「熱狂的なファンと，そこそこなファンと好きなように参加出来たりする」「自分だけではなくクラフトビールのファンがいる事が，また嬉しかったりしました」「ファンとのオンラインミーティングなど，交流の場が設けられていることが印象的」と認識されている。

　これらを通じて同社のスタンスが理解，評価されて強い愛着を示す顧客が現れる。「SORRYの夏バージョンは塩が強めで，はっきりいって美味しくないと思いましたが，こういうビールを作れるヤッホーブルーイングという会社が好き」との記述もあった。この顧客はネガティブな商品評価を下しながらも，むしろアグレッシブな企業姿勢を自身の価値観で評価して，コミットメントの態度を起こしている。他にも「自分達の信念を貫いてほしい」「ビールの楽しさを覚えた」「ダイヤルアップでネットサーフィンをする時に，よく，よなよなエールの書き込みや，話をチャットでしていました」のようなコミットメントの態度が現れた記述がなされていた。

地域産品についての自由記述から

　産品ごとの分析を**表6-19**に整理した。記述中の語の出現率の上位には，「美味しい」「（品質・価格が）高い」「愛用」「嬉しい」「大好き」など商品に対する，顧客の評価や感情を示す語が出現する。「ていねい」「対応」「安心」など事業者の態度とその評価にかかわる語も上位に現れる。顧客に対する調査だけに，自由記述の頻出語には各地域産品・事業者の固有の特性が現れる。井上誠耕園の「誠実」，馬路村農協の「ラベル」，茅乃舎の「プレゼント」，スノーピークの「修理」，ヤッホーブルーイングの「ネーミング」ほかの語は，各事業者の独自のマーケティング施策展開との接触経験から顧客の知識に蓄積され，記述に示されているといえる。固有名詞である地名はスノーピークで「日本」（国産）と現れた以外は「小豆島」「馬路村」「福岡」「軽井沢」と，各事業者が拠点とする地域名が上位に出現する。これら顧客の知識として蓄積された要素，反応は商品自体の経験と，各事業者の自己表現の観察によって生じている。

　自由記述のなかには，地域産品・事業者について「応援したくなる」「なく

てはならない」「誇らしい」「信念を貫いてほしい」ほかの，事業者への愛着や
共感，取引関係に執着するコミットメントの態度が現れている。事業者への愛
着や共感をもつファンが，各事業者が共通して利用する，インスタグラムや
フェイスブックのソーシャルメディアとECサイトほかのチャネルによって喚
起されうる。ソーシャルメディア以外の顧客接点では各事業者の特色があり，
ヤッホーブルーイングとスノーピークでは，定期的に開催されて一部の顧客と
直接接触するイベントの開催が特徴的である（スノーピーク，2023，佐藤，
2021）。ただしイベント参加者は多くとも数千人規模であり，不参加の数十万
単位の顧客に対してはソーシャルメディアを通じてイベントの様子が報告され，

表 6 -19 ｜ 地域産品・事業者についての自由記述から

	自己表現チャネル	主要な頻出語より	顧客の態度など具体記述例
井上誠耕園	定期DM，ソーシャルメディア，ブログ	小豆島の美味しいオリーブオイルや肌に良い化粧品，自然，安心，品質，ていねい，顧客，誠実，対応。	「嫌味がなく優しい印象で心動かされ，使ってみようかな，使いたいと感じた」「環境にも体にもいいものが多く応援したくなる」
馬路村農協	ラベル，ECサイト，定期DM，ソーシャルメディア	美味しいユズのポン酢を高知の馬路村から，大好き，ラベル，愛用，気に入る，嬉しい，ていねい。	「馬路村農協も高知も本当に大好き」「これからも買います。馬路村農協さん応援しています」
茅乃舎	ソーシャルメディア，定期DM，ECサイト，直営店，レシピ	美味しい出汁，料理，喜ぶ，嬉しい，プレゼント，福岡，ていねい，レシピ，安心，友人。	「レシピ集の写真が色鮮やかで美味しそうなので，色々作りたくなる」「茅乃舎が身近にあることは誇らしい」
スノーピーク	ソーシャルメディア，専用売り場，イベント，ECサイト	価格と品質が高いデザインの良いアウトドア・キャンプ用品，おしゃれ，愛用，自然，修理，対応，社会，日本，野遊び。	「非常に愛着がわいている」「我が家にはなくてはならない」「キャンプの思い出はスノーピークと共にあります」
ヤッホーブルーイング	ソーシャルメディア，パッケージ，ECサイト，イベント	よなよなエールなど美味しいクラフトビール，パッケージ，軽井沢，デザイン，楽しい，ネーミング，ファン，嬉しい。	「（美味しくない商品も作るが）こういうビールを作れるヤッホーブルーイングという会社が好き」「自分達の信念を貫いてほしい」

多数の顧客が観察することになる。顧客データベースを活用してDM施策，ECサイト誘導施策を定期的に投入している井上誠耕園，馬路村農協，茅乃舎は，カタログや自社サイトがファン形成に貢献していると思われる。茅乃舎は定期DMによって，商品を使ったレシピやギフトの提案を顧客に行っており，その施策が「レシピ」「プレゼント」の語に表れている。小売への卸販売のある馬路村農協とヤッホーブルーイングは，頻出語に登場した「パッケージ」「ラベル」での特徴的なビジュアル・アイデンティティほかの自己表現が，重要な顧客との接触機会となっているようだ。特定の事業者との取引関係に執着するファンは，ソーシャルメディアを１つの中心としつつ，事業者ごとの各種のチャネルを通じて育成されていると考えられる。

　総じて，持続的な購買関係にある顧客の自由記述の頻出語と記述からは，さまざまな機会を通じた自己表現の観察および商品の消費経験によって，商品への評価と対象についての知識が蓄積され，商品便益を信じる信頼と，顧客の価値観にもとづいて取引関係自体に執着するコミットメントの態度が喚起されている様子がうかがえる。

7　波及効果としての地域愛着の喚起

　反復購買の関係性を通じて，地域への愛着は生じるか。ここでは地域産品の持続的購買関係を通じて地域外の顧客に，拠点地域を対象とした愛着が喚起されるのかを検証する。商品を持続的に購入する顧客が，事業者に対するコミットメントをもつことは本論のモデルの検証で明らかになっている。コミットメントは事業者の自己表現に起因して生じ，地域事業者のコミュニケーションには地域についての情報が含まれることから，事業者に加えて事業者が拠点とする地域との関係を目的的な対象として執着する，「地域愛着」の態度が顧客に喚起される可能性がある。地域産品のマーケティング活動のスピルオーバーとして，同地域の地域産品の価格プレミアムの向上効果と，地域ブランド知識の形成効果があることが既存研究（岩永，2020）で検証されている。地域産品のマーケティング活動によって，地域外の顧客に地域への愛着が喚起されるので

あれば，地域産品は地域にとっていっそう積極的な意義をもつことになる。

地域愛着喚起モデルの検証

そこで顧客のマインド内で地域産品の持続購買意向が生じる影響関係の外部効果として，地域産品の顧客に地域愛着が喚起されるモデルを設定し検証することとする。本章で検証した持続的価値形成モデルを拡張し，商品・事業者へのコミットメントの態度からH7の地域愛着への影響関係を仮定した「地域愛着喚起モデル」を設定して，共分散構造分析で検証する。地域愛着を，特定の地域に対して情緒的な執着をもつ態度と捉え，測定する項目は先行研究（引地ほか，2009，乾ほか，2014，青柳，2017，岩永，2022など）を参照して**表6-20**に示すように設定した。地域産品の顧客の地域愛着喚起についての調査は，この章の3節の調査と同時に実施したもので，1,644件の対象サンプルのほか，調査手法・対象地域産品・項目・取得データは共通である。地域愛着の4項目の調査結果について天井・フロア効果の検証，α係数の確認を行ったところ，**表6-21**に示すように基準内であり問題はみられなかった。モデルの確認的因子分析ではGFI=.948，AGFI=.934，CFI=.968，RMSEA=.044と各指標が良好

表6-20 ┃ 地域産品顧客地域愛着調査項目（[地域] は事業者拠点地名）

潜在変数	項目表記	調査項目
地域愛着	身近に感じる	[地域] を身近に感じる
	愛着がある	[地域] に対して，愛着がある
	知りたい	[地域] についてもっと知りたい
	大切だ	自分にとって[地域] は大切な地域だ

表6-21 ┃ 地域愛着調査結果の概要

潜在変数	項目表記	最小	最大	平均	標準偏差	天井効果	フロア効果	α係数
地域愛着	身近に感じる	1	7	4.16	1.46	5.61	2.70	0.88
	愛着がある	1	7	4.17	1.47	5.64	2.70	
	知りたい	1	7	4.41	1.36	5.77	3.04	
	大切だ	1	7	4.37	1.37	5.74	3.00	

図6-4 地域産品の持続的購買関係による地域愛着喚起モデル（分析結果）

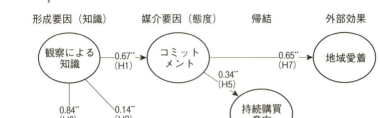

な値を示した。

地域愛着喚起モデルの共分散構造分析の結果を**図6-4**に示す。モデルの適合度を示す各指標は、GFI=.933、AGFI=.918、CFI=.959、RMSEA=.049と良好な値を示している。追加したコミットメントから地域愛着への影響関係も含めて、H1からH7の各仮説の標準化係数はすべて正の値であり、有意水準1％基準で支持されている。H1からH6までの影響関係の強さの傾向は、**図6-2**の持続的価値形成モデルと決定的な違いはみられない。事業者へのコミットメントから地域愛着へのH7は、β=.65と強い影響関係がある。事業者との関係を目的的に捉えて持続購買意向を形成するコミットメントの態度からは、事業者が拠点とする地域に対しても、"大切な地域だ"という地域愛着の態度が喚起されている。

地域愛着喚起の意義

地域事業者のマーケティング活動は産品を反復して購買する持続的購買関係を形成するだけでなく、地域への愛着の態度を喚起する効果があることが分かった。この作用にはどういう意味があるのか、地域産業へのスピルオーバーと、社会的アイデンティティの2つの視点を中心に考察する。

地域産品の持続的購買関係によって喚起された地域愛着は、地域の観光需要の喚起に貢献できる。たとえば調査対象とした地域産品の事業者のうち、井上

誠耕園は本拠である香川小豆島に直営の店舗があり，各地から同社のファンが訪れて，オリーブ公園ほかの島の観光地も回遊している。顧客が時間をかけて船旅を経てその島に渡るのは，喚起された瀬戸内の小豆島への愛着も寄与しているだろう。茅乃舎がマーケティングのビジュアル上のアイコンとする藁葺き屋根の料理店は，福岡市の郊外の久山町の中心からも離れた辺鄙な立地であるにもかかわらず，やはり全国から訪れた顧客が料理と周辺の散策を楽しんでいる。ヤッホーブルーイングは長野佐久の醸造所で定期的な見学ツアーを催しており，つねに定員を満たす人気イベントとなっている。同社はイベント参加者に，軽井沢を中心とした長野の周辺地域での宿泊と観光周遊を推奨している。物財である地域産品の持続的購買関係で生じた地域愛着は，顧客に観光訪問を促す，地域のサービス財の需要を喚起する効果がある。

　地域産品の事業者の活動で生じた地域に対する愛着によって，当該の事業者以外の商品への需要が拡大する効果が期待できる。産地訪問にまでいたる顧客の比は高くないとしても，対象地域の他の商品の購入は多くの消費者にとって比較的に容易である。たとえばスノーピークが拠点とする新潟燕三条地域では，他に「ユニフレーム」「キャプテンスタッグ」「村の鍛冶屋」といったアウトドア用品の事業者の集積が形成されている。これはもともとの金属加工の産地としての基盤に加え，スノーピークのマーケティング活動が域外消費者に形成した地域資産である，地域についての顧客の知識，価格プレミアムをもたらす高品質感，加えて燕三条に対する地域愛着の態度が貢献している可能性もあると考えられる。同様に特定の地域産品の活動が，地域の他の産業への外部波及効果は，香川小豆島，高知馬路村でもみられる（岩永, 2020）。これらの点から，地域産品の持続的購買関係は地域のサプライチェーンや雇用への直接的な貢献だけではなく，地域の観光とその他の商品へのスピルオーバーにより，地域の産業に広く恩恵をもたらす可能性があるだろう。

　地域外の住民による地域への愛着は，事業者の拠点である地方の住民の側にとって，自分が住む地域への誇りの根拠となりうる。地域愛着は**図6-4**のモデルに示されるように，コミットメントを介して観察による知識からの影響関係で生じている。消費者のマインド内に蓄積した地域についての記憶が，地域への愛着を喚起している。地域外の住民が産品の取引を通じて，自分たちが住

む地方についての記憶をもち，"もっと知りたい"と思い，"愛着がある"と感じている。このように他者から記憶され，尊重されていることは，個人の場合と同様に，地域住民にとって社会的アイデンティティの形成要因となる可能性がある。

地域への愛着は，顧客である都市住民の側でも意識上の影響がありうる。市場化，機能分化が進んで不確定性が高まる社会で，都市住民は外的規範と内面の指針を失っていく。そのなかで地域産品の顧客が地方との取引を反復するほどに，その地方への認識は具体性を帯びて，馬路村農協の顧客は高知馬路村を，ヤッホーブルーイングの顧客は軽井沢を，大切な記憶がある地域として意識上のつながりをもつことになる。地域事業者との結合に加えて，特定の地域への愛着が生じれば，都市住民の寄る辺ない故郷喪失的な心性に，わずかながら定位をもたらす効果があると考えられる。

地域事業者と地域とのかかわりや地域についての情報を含む地域産品のマーケティング活動が喚起する地域への愛着は，地域の観光や他の産品に波及効果を及ぼす。また地方と都市の双方の住民の自我に安定をもたらせるだろう。

8　モデルの検証から

本章で検証したモデルは，既存研究のような直接の対面関係やコミュニティのような密な相互作用の要因を想定しない。顧客の内面において形成要因である観察による知識と商品評価の2つの知識が態度に影響し，コミットメントと信頼の2つの態度が持続的な購買意向を起こす，持続的価値形成モデルの妥当性の検証と，要因間の影響関係の分析を行った。

一般消費財のカテゴリーのうち，ヘアケアカテゴリーの顧客を対象とした調査，5つの地域産品の顧客を対象とした調査を実施し，共分散構造分析を適用した。その結果いずれの調査でも，5つの要因間の6つの影響関係の仮説は支持され，適合度の指標は良好な値を示して，**図5-4**の持続的価値形成モデルは妥当であると判断された。各要因間の影響関係の強さを標準化係数の値でみると，形成要因の観察による知識から商品評価への強い影響関係が認められた。

媒介要因である信頼の態度は主に商品評価によって喚起されており，コミットメントの態度は観察による知識からの影響によって生じていた。持続購買意向は，特定対象との取引関係を目的的に捉える価値合理的なコミットメントの態度と，商品便益を目的とした目的合理的な信頼の態度の，双方の影響で起きていた。

第**7**章 | 事例研究：
持続的購買関係の構築プロセス

　前章までの定量調査による分析では持続的価値形成モデルの妥当性を検証し，顧客の内面の知識と態度の影響関係を分析した。また対象とした個々の地域産品について，顧客の知識と態度の内容を分析している。しかし，持続的な購買関係が形成され，顧客生涯価値が拡大していく過程については明らかにされていない。そこで顧客との関係を形成して成長した事業者の事例研究で，事業者が消費者にどのようにアプローチするのか，さらに事業者の働きかけに対して消費者がどう反応して持続購買意向を起こすのか，両者の関係の形成過程を分析する。具体的な過程を捉えるために本章では，社会システム論を援用した分析を行なう。

1 ケーススタディの対象事業

　岩手・釜石の水産加工会社である小野食品の，一般消費者向けに地域産品の調理済み冷凍魚そうざいを販売する事業，「三陸おのや」をケースとして取り上げる。小野食品の2000年代までの経営については中村（2010）の研究が，震災に際しての事業者の危機対応については中村（2019）の分析がある。これら既存研究が経営者の資質や経営姿勢を中心に事業主体を捉えているのに対して，ここでは三陸おのや事業における事業者のアプローチと顧客の反応の分析によって，両者のあいだに関係が形成される過程を明らかにする。

　三陸沿岸部の主力産業の1つである水産加工業は，海外の安価な商品との競合に疲弊するなかで2011年の東日本大震災の追い打ちを受けた。被災企業は公的支援の融資を受けて設備を復旧したものの，多くが震災前の売上に復帰でき

ていない。水産庁（2022）の調査によると被災した水産加工業のうち，震災前の売上と同等もしくは上回った企業は2割以下の17%であり，残りの83%は震災前の売上に達しないレベルにとどまっている。そのなかにあって小野食品は，2009年にはじめた冷凍魚そうざいを一般消費者向けに販売する「三陸おのや」事業により成長を遂げた。同社は，地域の他の企業と同様に被災したなかで，震災前の売上12億円から2021年には43億円，3.6倍の増収になっている（日刊食品速報, 2021）。同社は従来，施設給食向けを中心としたBtoBの事業者間取引を手掛けていた。現在は推定売上推移（**図7-1**）に示すようにBtoCの消費者向けの事業が売上の約8割を占めるようになっている。同社は，顧客生涯価値・LTVの形成を主要な目標とする事業運営を行い，事業の思いを積極的に自己表現して地域外の顧客との持続的な購買関係を築いて成長してきた。この点でこの事業はD2Cビジネスと類似する事業であると捉えてよいだろう。

当該事例は東日本大震災の被災企業であり，特殊なケースだといえる。持続的な購買関係の形成過程一般を分析するうえで，この特殊性は限界と積極性の

図7-1 ┃ 小野食品推定売上推移

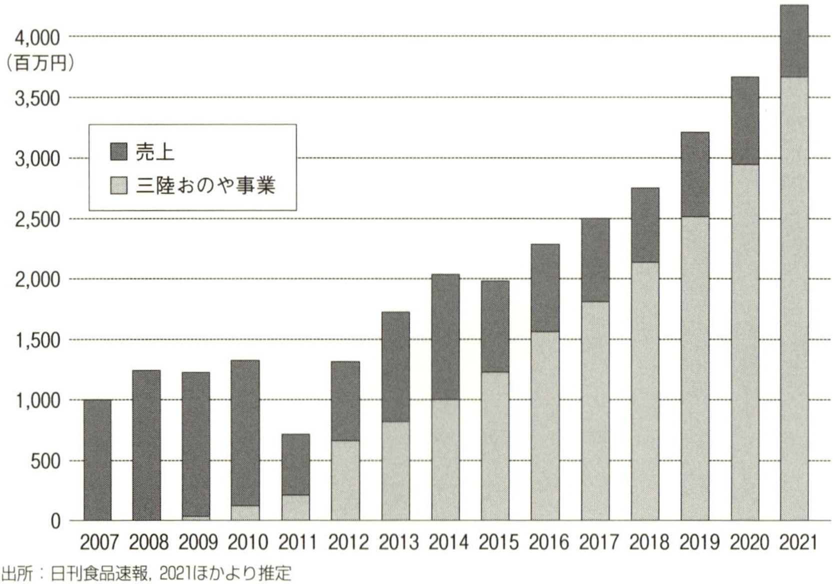

出所：日刊食品速報, 2021ほかより推定

いずれかの側面を示す可能性がある。被災に起因して購買関係が断絶する，また被災によって顧客の購買が持続するのであれば，分析のうえでの対象事例の特殊性の限界といえる。一方で被災にもかかわらず購買が持続するのであれば，事業者と顧客のあいだに震災までに形成された関係性の証左となるだろう。この点に留意して分析を行なう。

　三陸おのや事業はメディアを介した販売形態をとる。デジタルメディア，テレビ，新聞ほかの媒体に広告表現を提示し，自社ECサイト，電話，ハガキほかの手段で消費者を初回の購入へと誘導する。メディアを介した販売は顧客との直接の対面機会はないが，量販店・コンビニエンス・ストア販路のようなマス・セールスへの対応が必要となる事業よりも参入しやすい。また事業者の主導で高い付加価値をもって，広く商品を販売できる可能性がある点で，これからの成長を図る中小企業，地方企業に適しており，また高い付加価値と１次産品の加工により，地域の産業振興と雇用への貢献が期待できる。

2　ケーススタディの方法

持続的購買関係の形成過程における信頼

　持続的購買関係における，消費者と事業者にとっての信頼の役割をここで確認する。前章で検証した持続的価値形成モデル（**図6-2**）では，消費者の商品評価から信頼，信頼から持続購買意向への影響関係が確認された。しかし商品の初回購入の段階は消費者に消費経験がないため，商品評価の知識がない。商品便益を求める消費者は市場の選択肢から，相対的には期待する便益が得られるだろうと信じる商品を選んで購入する。その際に消費者は商品便益が不確定なまま，商品評価以外の何らかの手掛かりを得て，選択した商品の商品便益を期待する信頼の態度をもっていることになる。モデルの検証ではコミットメントから持続購買意向への影響も有意だったが，購入と消費の経験がない段階で，対象との取引関係を目的的に捉えるコミットメントの態度がすでに形成されているとは考えにくい。消費者と事業者との関係が形成される過程では，商

品購入と評価以前に消費者に信頼の態度がある程度は喚起されている必要があるだろう。

　一方の事業者の側が商品の市場導入を図る際には，自社の商品を買ってもらえるかが分からないリスクがあり，リスクの低減には消費者からの信頼が貢献する。できるだけ消費者に信頼される働きかけを行えば，より多くの初回購買を得られる可能性が高まる。初回購買後は顧客が望む便益の商品を提供し，次回も評価できる商品を提供し続けるだろうとの信頼が得られれば，持続的購買の見込みは増して事業の成長性が高まる。事業者にとって，消費者からの信頼の獲得は，市場導入の成否に直結する。持続的購買関係の形成過程を明らかにするためには，購入の行為以前からの事業者のアプローチと消費者の反応により，信頼が喚起されていく過程の分析が必要となる。

社会システム論による信頼の機能・形成過程

　行為に先立って形成される信頼を，ルーマンの社会システム論（Luhmann, 1973）は次のように説明する。社会システム論では「複雑性」と「不確定性」が基本概念となるが，システムをとりまく環境で起こりうる出来事の総体が大きい状態が複雑性で，複雑性が縮減されたそれぞれの "まとまり" がシステムと呼ばれる。複雑性によって，主体が選択する行為の結果が定まらず，未来の状態がいかようでもありうる状態が不確定性である。社会システム論の信頼の機能は，「情報不足を内的に保証された確かさで補いながら，手持ちの情報を過剰に利用し，行動予期を一般化」し複雑性を縮限して，未来の不確定性を減少させる（ibid., p.176）。信頼は，手持ちの情報では未来の結果が不確かである場合にのみ機能する，信じる主体によるリスクをとった「意志の働き」（ibid., p.56）だと説明される。社会システム論の信頼は，行為ののちに形成されるのではなく，行為実践の以前に，主体の意識に現れる態度であると位置づけられる。事例分析で持続的購買関係の形成過程を捉えるうえでは，商品を自由に選べる消費者が，初回の購入と消費の行為に先立って，特定の事業者に対する信頼を形成する過程を捉えなければならない。この点から，事例分析への社会システム論の枠組みの適用は有用だと考えられる。社会システム論のマーケティング研究への適用は他に例があるが（春日，1982，Giesler, 2003，水越，

2011, Pitasi et al., 2014, 明神, 2019), 事例研究への適用は見あたらない。

　社会システム論は信頼を3区分で捉える（図7-2）。人をとりまく世界が単純な段階では「馴れ親しみ」があり，その環境から外れると，外部の他者の人格に対する「人格的信頼」に移行する。他の人格を対象とした行為の結果は不確定なため，他者が自己表現した人格についての不十分な情報を未来の結果に適用して，他者の行為は自分の期待にかなうだろうと予期して信頼する。ついで社会の機能分化が進んだ社会では，対象の数は増えて外部の複雑性，未来の不確定性は増して，個々の人格への信頼では不足する。そこで外部のシステムが作動していること自体に基盤を置いた「システム信頼」が3つめに現れる。経済や権力，組織のようなシステムに対しては，それらが実際に信頼されて機能していること自体に由来して，循環論法的に信頼がなされるようになる（ibid., pp.36-38）。事例分析では顧客による事業者への態度が，これら信頼の区分のいずれにあたるかに留意する。

　現代の複雑で不確定な市場環境のなかで，消費者の信頼がどのような過程で形成されるかは，社会システム論の説明する2つの過程によって分析できるだろう。信頼を形成する1つめは，消費者による事業者の「自己表現」の観察である。信頼を得たい者は，自分が相手の期待に応えられるものであると信じられるような振舞いをもって表現をしなければならない。自己表現に一貫性があって相手に内的な保証を与えるなら，未来の行ないを信頼するに値する資格

図7-2 | 社会システム論による信頼の段階

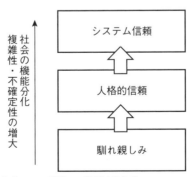

出所：Luhmann, 1973, pp.36-38より作成

が得られる（ibid., pp.113-116）。

　これを消費者による商品購入に適用すると，初回購買の際に消費者は，得られる商品便益が不確定であるまま購入の判断をするが，その際に消費者は，事業者の自己表現との接触経験によって得られた知識を手掛かりとする。事業者の表現であるマーケティング・コミュニケーションは消費者の知識を形成するが，商品パッケージや広告，ソーシャルメディアのインフルエンサーが示す情報は，無条件に信用されるわけではない。消費者はマーケティング・コミュニケーションに現れた事業者の表現を懐疑的に観察して，将来に得られると期待する商品便益について，信じられる手掛かりが得られれば事業者を信頼し，商品の購入につながるだろう。対象とした事例で消費者は，信頼のない事業者について，どんな表現を観察して内的な保証を得て事業者を信頼して商品購入にいたるか，その過程を分析する必要がある。

　2つめは「複雑性の内的構造化」（ibid., p.44）のプロセスである。信頼を得たい側が他者から信頼を得るうえでは，システム外部の複雑性に対応しなければならない。他者の不確定な反応に対応するためには，単純ではない内的なメカニズムをもつ必要がある。そのため主体の内側に，外部のそれより小さいものであるが，複雑性を縮減した資源をもつことになる（ibid., pp.143-148）。

　商品を売りたい事業者は，消費者の信頼を得るために自己表現とともに商品を提示するが，消費者の反応がどうなるのか分からない。働きかけに対する消費者・顧客からの不確定な反応に事業者は対応しなければならない。そこで事業者は，消費者・顧客の信頼を得るために，外部の複雑性に対応した単純ではない事業の運営プロセスを内的な資源としてもつことになる。事例分析では持続的取引関係において，この事業者がどのような複雑性を縮減する内的資源をもって消費者の信頼を得ているのかを分析する必要がある。

事例分析のフレーム

　事例分析では消費者と事業者との持続的購買関係の形成過程を，段階に区分して分析する。リレーションシップ・マーケティングの実務では，第4章のD2C事業者調査で示されたように，初回購買の獲得はアクイジション，持続的な購買関係を維持する活動はリテンションと呼んで区分して捉えている（**図4**

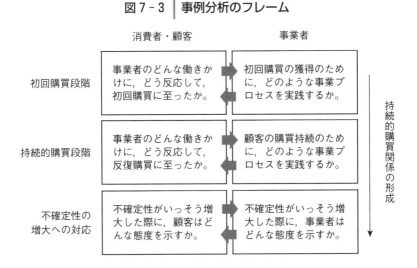

図7-3 事例分析のフレーム

-6)。この事例分析でも**図7-3**のように初回購買段階と持続的購買段階に分けて捉える。各段階で不確定性のリスクを超えて、地域事業者がどのような関係形成の働きかけを行ったのか、顧客がどのように反応して初回の商品購買、持続的な購入にいたったのかを分析する。ついで不確定性がいっそう増大した、事例対象の事業者が直面した危機においての双方の対応、関係のあり方を分析する。

利用データ

三陸おのやは投入した広告で初回購買の顧客を得ており、広告による自己表現は、消費者が当該事業者についての知識を得る機会となっている。そこで商品便益が不確定であるリスクを超えて消費者が初回購買にいたる過程を、主に同事業の展開する広告表現の要素と、同社顧客への調査データを利用して分析する。獲得した顧客に対して同事業は、商品同梱ツール、ソーシャルメディアほかのチャネルを通じて、取引に付随したコミュニケーションを行なう。このコミュニケーションへの接触が商品自体への評価と並んで、購買の持続に貢献していると考えられる。そこで、顧客の持続購買意向が高まる過程をみるために、既存顧客向けのコミュニケーションツールと、顧客のコンテンツへの反応

のデータで把握する。三陸おのや側の消費者・顧客の働きかけの実践，事業の
運営プロセスについては，経営者インタビューと新聞・雑誌記事のデータにも
とづいて分析する。

3　初回購買段階における関係形成

消費者の信頼形成

　初回購買の段階で，消費者の地域事業者への信頼がどのように形成され，購
買意向を起こして商品を購入するにいたるかの過程を2010年の三陸おのやの新
聞15段広告（**図7-4**）を例に分析する。当該マーケティング・コミュニケー
ションの表現要素および，この広告に反応して商品を買いたいとの態度を示し
た消費者の，購買意向理由の記述を分析した広告評価調査のデータを主に参照
して検討する。

　広告に表現されている要素と構成をまず確認する。この新聞広告の主な表現
要素は，商品便益訴求，地域の表現，事業者の表現，価格とアクセス誘導に大
別できる。広告の紙面を構成する表現要素のうち面積比が大きいのは上段のサ
バ味噌煮の商品のシズル写真であり，下段のメニューバリエーションを表現す
る8つの商品写真とともに，基本便益である商品のおいしさが直接に訴求され
る。商品のシズル写真の左に，商品のおいしさの理由となる調理方法と原料素
材の調達方法の記事が記述される。おいしさと並ぶ商品便益である，温めるだ
けの簡便性を核とした利便性は中段の記事で説明され，下段商品名下の3つの
ポイントに整理されている。右上のキャッチコピーはおいしさの商品便益を
「旬」「出来たて」の語で，利便性を「いつでも」「お手軽」の語で総合的に訴
求している。

　事業者が所在する地域について表現する要素としては，メインの商品シズル
写真のキャプションに「三陸産」と原料産地名が記され，その右には「三陸釜
石発」と地名が示される。右下の事業者名「三陸おのや」には地名が組み込ま
れて，「魚介王国」の語で地域特性を示す。中段の記事には三陸のリアス海岸

の地形と世界三大漁場，漁師町の地域特性の説明があり，三陸沖で親潮と黒潮がぶつかる略地図がある。

事業者自身については，産地風景を背景に従業員が並ぶ集合写真が商品のシズル写真と同等に大きく，各人の名前入りで示されている。シズル写真下の中段記事は事業者の現在までの来し方と，地域と顧客への思いが「家族や釜石の人たちに食べてもらう気持ちで」と記述される。下段の商品名の左では日本人の食生活，魚食習慣を守りたいという事業者の意思が表明される。中段の左側の「喜びの声・お便り」で，顧客の声に応える事業者の応答のやり取りが訴求

図7-4 三陸おのや広告・表現要素

出所：2010年9月『朝日新聞』全国朝刊15段

されている。下段では2種の商品セットの入り数と価格が記され，最下段には
フリーダイヤル，ネットの受注ページ，ハガキでのアクセス方法が示されて，
商品の初回購買に誘導する役割を担っている。

　このような表現要素によるマーケティング・コミュニケーションに，オー
ディエンスである消費者がどのように反応するかを，購買意向理由調査の131
件の自由記述と，その記述内容を区分した**図7-5**の集計に拠りつつ考察する。
消費者は新聞広告を含めて1日に数多くの広告に接触しているが，それらの1
つひとつは記憶しておらず，多くは視野に入っても意識さえされない。そのな
かで，この広告に注意を向けた消費者は，面積が大きい商品シズル写真のサバ
味噌煮に目をとめたと考えられる。その結果，**図7-5**の購買意向の理由記述
の47％には「美味しそう」「写真のサバ味噌がとても美味しそう」「写真がすご
く美味しそう」ほかの，"美味しそう"に区分された内容が記されている。消
費者は訴求されたおいしさの便益の表現に注目し，商品への欲求を起こす。商
品への欲求が消費者に喚起されると，その他の便益，商品特性にも関心をもつ
だろう。**図7-5**で"手軽そう"に区分された27％の回答は「めんどうな魚の
煮つけが，湯せんするだけで食べれる」「自分で調理しなくても，手軽にお魚
料理が食べられる」「忙しい時助かる」と利便性の便益を認識している。"値ご
ろ"区分の14％では「価格もそれほど高くない」「お手軽な価格」「お買い得」
と価格を評価しての購買意向理由が記される。

　消費者に欲求が喚起されて便益の主張を認識したとしても，次には事業者へ
の信頼の問題がある。消費者は接触した**図7-4**が広告であり，広告は事業者
が商品を消費者に売らんがために提示していることを知っている。そのため，
当該広告表現に接触した消費者が初回購買に踏み出すには，事業者が訴求する
商品の便益が期待に沿うものであろうと信じる信頼が必要である。複数回掲載
された同広告に接触した消費者からは，ある程度安定した一定の比の購入が得
られていた。したがって購買意向理由として商品便益のみをあげている消費者
においても，信頼を保証する何らかの手掛かりを事業者の広告の自己表現から
得ていると考えられる。同社の広告が，事業者への信頼をいかに形成したかを
考察する。

　まずは商取引と媒体への弱いシステム信頼が機能していると考えられる。現

図7-5 広告評価調査 購買意向理由自由記述内容区分

記述内容区分		出現構成比（MA）	
商品便益認識	美味しそう		47%
	手軽そう		27%
	値ごろ		14%
	その他便益		8%
提供主体・他	産地		13%
	生産者		11%
	その他		8%
計			129%

出所：小野食品, 2015, 同社調査より

代の市場社会において消費者は，代金を支払い何らかの商品を手に入れて，市場のシステムが実際に作動する経験を重ねている。事前に知識のない見ず知らずの事業者であっても，質の善し悪しはともかく代金と引き換えの商品が入手できないことはないだろうという程度の，弱い信頼の形成が想定される。加えて当該広告媒体である新聞は，相対的にはオーディエンスに信頼されている媒体である。各媒体への信頼についての調査（総務省, 2021a）で新聞は今でも，テレビやインターネットメディアほかの媒体と比較して，20代から60代までの全年代でもっとも信頼されている。新聞に掲載される広告なら，少なくとも，まったくの虚偽ではないであろうという程度の制度的な信頼を消費者に付与する。信頼されている他者に信頼されているのであれば，この事業者は信頼できるかもしれないというシステム信頼の意識の動きが消費者にありうる。ただし新聞の広告ならすべて信頼されるというわけではなく，顧客獲得の成果は一般に広告の表現によって大きく異なる。媒体へのシステム信頼のみで消費者がこの事業者の商品を購入したと捉えることはできない。

　2つめには地域についての既存の知識が信頼を形成するだろう。便益を訴求する要素で欲求が喚起された消費者が，商品の提供主体を評価しようとしても，消費者と事業者のあいだには避けがたい情報の非対称性があり，広告表現からは十全な情報は得られない。そこで「情報の過剰利用」（Luhmann, 1973, p.33）の作用がはたらく。消費者は，事業者の自己表現の要素を頼りに過去の

手持ちの知識をあてはめ，購入後に商品から得られるであろう不確定な便益を予期しようとする。この事例での読者の手持ちの情報は，地域についての知識である。**図7-6**に示した調査データ（岩永，2020）は，三陸について知っていることの記述から上位頻出語を抽出した，消費者の知識内容を示している。最上位頻出語のリアス海岸は，三陸の地域特性として小中学校で教えられて広く知られている。同様に世界三大漁場の知識も義務教育で学ばれており，「ワカメ」「カキ」の一次産品名や，「海の幸」「海産物」「魚」「美味しい」ほかの知識が現れている。**図7-4**の広告の表現要素のうち，地名や略地図に触れた読者は，自分の記憶のなかから三陸についての知識を連想して適用して，つまり過剰利用して事業者の表現を信頼するようになるだろう。この過程の結果は**図7-5**の13％の購買意向者の"産地"の自由回答に現れる。購買意向理由記述には「三陸産の海産物はとても美味しい」「手軽に三陸のお魚料理が食べられる」「三陸のお魚は美味しくて有名」と，目にした地名が商品を買いたくなった理由となっている。このように地域についての知識を想起させる事業者による自己表現が，消費者の三陸おのやへの信頼を高めていると考えられる。この場合の地域についての知識の作用は一般消費財では，個々の商品の傘となる企業ブランドのはたらきと共通する。

　3つめに商品の提供主体が非人格的な存在ではなく，人格のある主体であるとの認識が信頼を喚起すると考えられる。三陸おのやの広告による自己表現には従業員の集合写真があり，記事には事業者の顧客と商品への思いや過去の経緯が記されていた。それらの要素による消費者の反応は**図7-5**の"生産者"の11％の回答に現れる。自由記述では「顔が見えるのは安心」「生産者の顔が見えて良い」「産地の人の味付けは美味しそう」だから購入したくなったと，商品の提供者が非人格的な企業組織や抽象的なブランドではなく，実在する人格のある存在であると認識して消費者は購買意向を高めている。消費者は産地の風景のなかで顔と名前を示した画像や，事業者が表明した顧客と地域への思い，日本の食生活への意思の表現，声を届けた顧客への振舞いの自己表現に触れる。これらを通じて消費者は，この商品の提供者が顧客と誠実なやり取りを行う存在であり，実際にその産地で暮らして，これからもその地域社会の秩序のなかに存在し続ける，意思のある人格であるとの内的保証を得るだろう。こ

第7章 事例研究：持続的購買関係の構築プロセス　137

図7-6 │「三陸」地域ブランド知識の内容

区分/ブランド知識の内容	出現率
風土地形自然／リアス式海岸	24.3%
一次産品／ワカメ	19.3%
災害・事件／東日本大震災	15.2%
一次産品／カキ	5.7%
災害・事件／津波	5.6%
コンテンツ／あまちゃん	4.7%
メニュー・加工食品／海の幸	3.7%
一次産品／海産物	3.2%
地名・交通／岩手	2.9%
一次産品／魚	2.5%
評価・感情／美味しい	2.4%
風土地形自然／海	2.1%
地名・交通／三陸鉄道	2.1%

出所：岩永, 2020a

れらの過程により消費者は事業者を人格として捉え，相手は商品提供の責任から逃げないであろう，数千円の代金であれば払ってもよいと地方の未知の事業者を信頼すると考えられる。

　数度以上出稿された事例の広告からは，一定比の事業採算レベルを超える顧客の初回購入が得られている。初回購入段階で不信の構えでこのマーケティング・コミュニケーションに接触した消費者が商品を購入する際には，ここで分析したような不確定性を軽減する複数の過程がはたらいて，事業者・商品への信頼が形成されたと考えられる。市場取引と掲載媒体への弱いシステム信頼に加え，接触した自己表現によって起こった地域についての知識を適用する情報の過剰適用，提供主体の人格認識が，事業者への信頼を生じさせる。このような複数の過程を経て消費者は，不確定性のリスクを超えて，商品購入の行動にいたっていると解釈できるだろう。

事業者の運営プロセス

　事業者の側は商品の市場導入のためには，顧客が期待する商品を提供する主体であることを，初回購入の段階から顧客に信頼させる必要がある。顧客の不

確定な反応に対応して信頼を獲得し，不確定性を減少させようとする事業者の運営プロセスを分析する。事業者は消費者に信頼されるような表現を開発し，広告のマーケティング・コミュニケーションに投資する。事業経験の浅い事業者にとって，どの程度の購入が消費者から得られるかは事前に不明であり，コミュニケーション投資に見合うレベルの反応があるかは不確定である。そこで不確定性のリスクを軽減する方法が導入される。

　内容の異なる複数の広告表現を消費者に提示する「ABテスト」の施策は，小規模なテストで2つ以上の広告表現を消費者に提示するものである（Ogilvy, 1983）。複数の広告表現を掲示すれば，採算に到達するかはともかく，いずれかが比較的に受注数が多い結果が必ず得られる。CPO・顧客あたり獲得費用を効率の評価指標として，効率がよいほうを残し，表現要素の内容と組み合わせが異なる他の表現案と併せて再度，複数のパターンの広告を投入して消費者の評価を得る。このABテストをくりかえせば消費者の信頼をより形成できる自己表現，すなわち顧客獲得の投資効率が高い広告表現が得られる。本章で示した広告表現は多数回の改定を経て掲出されており，三陸おのやの場合はABテストを反復して半年程度の期間ののちに，その時点では採算レベルに達する表現のフレームを得た。

　しかし採算レベルに達する広告表現がいったんは得られても，メディアや市場競合の対応のような環境の要因に左右される消費者の反応は不確定であり，消費者の広告表現への飽きから獲得の効率が低下する傾向もあって，不確定性は減じても失せない。加えて広告表現開発の作業はクリエイティブ＝創造と呼ばれ，要件によって自動的に一意に定まらず，表現要素の訴求内容と表現方法の組み合わせは先の広告の構成以外の可能性が無数にあり，信頼を形成する事業者の表現はいかようでもありうる。消費者の反応の不確定性，表現のありようの複雑性に対応するためには事業者は，表現要素の無数の組み合わせの可能性を制御するプロセス，複雑性を内的に構造化した資源（Luhmann, 1973, p.44）をもつ必要がある。実際に同事業にとって，マーケティング・コミュニケーションの自己表現の開発は不断の取組みとなっている。新聞広告以外にネット広告やテレビCMでも，多数の構成が異なる広告表現を継続的に開発して投入し，顧客の反応の効率を検証するテストを現在まで反復している。同事

業は，この循環的な事業運営プロセスにより信頼を喚起して，これまで初回購買の消費者を獲得している。

　成長を遂げた分析対象の地域事業者は，変化する環境のなかで消費者の反応を受けながら，信頼獲得のための自己表現を開発，投入して評価する過程をくりかえす，動的な表現開発プロセスを実践することとなったと捉えられる。

4　持続的購買段階における関係形成

顧客の信頼形成

　初回の購入を経た顧客が，事業者をどう信頼して2回目以降の購買を持続するかを分析する。まずは商品が消費されて商品の便益評価，この事例では商品が食品であるから特に味への評価がなされる。初回購買段階で事業者の自己表現に触れた際に顧客が期待したとおりにおいしい商品であれば，商品の提供者への予期が確認されて信頼は増す。事業者への信頼が増せば，顧客がひきつづき購入する可能性は高まる。前章でみた持続的価値形成モデルの分析結果では，商品自体への評価が信頼に影響する関係が示されているが，三陸おのやでは既存顧客の9割が商品を継続購入している（池井戸，2021）。この点から，結果的には多くの顧客が商品の便益を評価していると捉えてよいだろう。

　ただし持続的購買段階で信頼を生じさせるのは商品評価だけではない。取引に付随した自己表現のコミュニケーションが，顧客の信頼の形成に貢献しうる（**図5-4**・H2）。同事業者の場合，**図7-7**に示した「おさかな生活」のツールやブログ，ソーシャルメディアによって購入後の顧客とのコミュニケーションがなされている。月次発行で商品に同梱される「おさかな生活」は，顧客の購買を維持するうえで，もっとも重要なツールだと同事業は位置づけている。このツールはB5サイズ1色刷り4ページ建ての学級新聞のような体裁のリーフレットで，経営者の思いや過去のエピソード，顧客からの声への対応の紹介，従業員の近況，地域の催し物ほかのコンテンツが掲載される。顧客の側にもメールや商品同梱のハガキで返信を届ける機会があり，顧客の一部は実際に商

図7－7 三陸おのや顧客向け定期ツール

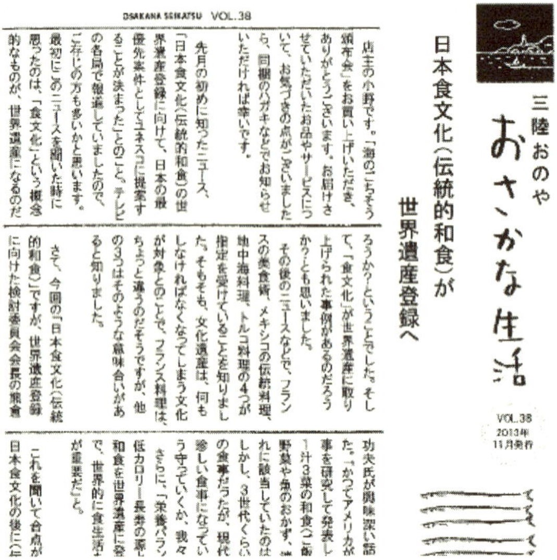
OSAKANA SEIKATSU VOL.38

三陸おのや
おさかな生活
VOL.38
2013年
11月発行

日本食文化(伝統的和食)が
世界遺産登録へ

店主の小野です。「海のごちそう頒布会」をお買い上げいただき、ありがとうございます。お届けさせていただいたお品やサービスについて、お気づきの点がございましたら、同梱のハガキなどでお知らせいただければ幸いです。

先月の初めに知ったニュース、「日本食文化(伝統的和食)の世界遺産登録に向けて、日本の最優先案件としてユネスコに提案することが決まった」とのこと。テレビの各局で報道していましたので、ご存じの方も多いかと思います。

最初にこのニュースを聞いた時に思ったのは、「食文化」という概念的なものが、世界遺産になるのだろうか?ということでした。そして、「食文化」が世界遺産に取り上げられた事例があるのだろうか?とも思いました。

その後のニュースなどで、フランスの美食術、メキシコの伝統料理、地中海料理、トルコ料理の4つが指定を受けていることを知りました。そもそも、文化遺産は、何もしなければなくなってしまう文化が対象とのことで、フランス料理は、ちょっと違うのだそうですが、他の3つはそのような意味合いがあると知りました。

さて、今回の「日本食文化(伝統的和食)」ですが、世界遺産登録に向けた検討委員会会長の熊倉

功夫氏が興味深い話
た。「かつてアメリカが
事を研究して発表し
一汁3菜の和食(ご飯
野菜や魚のおかず、
れに該当していたのは
しかし、3世代くらい
の食事だったが、現代
珍しい食事になってい
う守っていくか、我々
さらに、「栄養バラン
低カロリー長寿の源
和食を世界遺産に登
で、世界的に食生活
が重要だ」と。
これを聞いて合点が
日本食文化の後に(伝

品・サービスへの評価や，自分の近況ほかの便りを事業者に伝えている。三陸おのやの場合，顧客からの便りは月に400件以上届けられて，その全数に従業員による返信がなされており（日本経済新聞，2016），顧客とのやり取りの一部は，おさかな生活やブログのコンテンツとして顧客に紹介される。これらの事業者の顧客とのコミュニケーションから，顧客の信頼が形成される複数の過程について考察する。

1点めには事業者－顧客間の相互作用の顧客による観察が，事業者への人格的信頼を形成しうる。同事業者の取引に付随して，事業者からの自己表現と一部の顧客の返信による相互作用が実践されている。**図7－8**に示す同社の顧客153人の掲載コンテンツへの反応の調査結果をみると，ハガキやメールによる“返信行動”を実践している顧客は“やや当てはまる”の11%を含めて17%である。顧客による事業者への返信は購買外のエンゲージメント行動であるが，残りの8割強の顧客は事業者との相互作用の実践が活発ではない。ただしツールのコンテンツとして紹介されている顧客と事業者のやり取りは，8割の顧客が“顧客の声”に注目している。相互作用のエンゲージメント行動をとる顧客

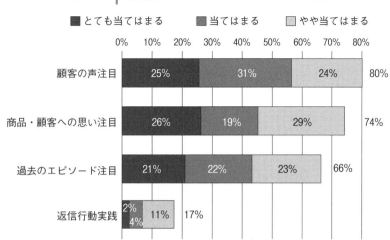

の比は大きいとはいえないが，事業者が顧客と双方向のコミュニケーションを実践している様子を多くの顧客が観察している。社会的に観察しうる行為はすべて，行為主体が信頼できるかどうかという視点の下での，行為者自身の自己表現（Luhmann, 1973, p.70）である。相互作用の観察により顧客は，他の顧客からの返信に対して事業者がどのように振舞うかの知識を得る。商品評価やクレームにいかに対応するか，顧客からの季節の便りにどのような社交の応対をなすか，行いを観察すれば，未来における事業者の行為への予期の確かさは増して，不確定性は減じる。情報が不十分な初回購入の段階で顧客が寄せた，リスクを負ったうえでの提供主体への人格的信頼が，事業者の振舞いの観察の過程を経て，しだいに確かめられていく。

　2点め，事業者の過去についての知識の獲得が顧客の信頼形成に貢献する。同事業のコミュニケーションツールには地域の懐かしい思い出，経営者や従業員が過ごしてきた経験，商品に加えてきた工夫，事業をはじめるにいたった経緯のような"過去のエピソード"のコンテンツがあり，**図7-8**のデータでは66％の顧客が注目している。これらの事業者の自己表現から，このような来し方を経て，このようなあり方になっているという，事業者の行為の一貫性につ

いての知識を顧客は得ることができる。過去の歴史は他のようにある可能性は
なく，複雑性が縮減され，出来事は不確定性から逃れて安全なものになってい
る（ibid., p.32）。取引に付随するコミュニケーションから得た事業者の過去に
ついての知識は，顧客にとっての内的な保証となって，事業者への信頼を，よ
り確かにしていく。

　3点めの信頼が増す過程は，事業者の未来への意思についての知識の獲得で
ある。同事業の顧客向けのコミュニケーションツールのコンテンツでは，地域
を今よりも元気にしたい，日本の魚食習慣をこれからも守りたい，顧客に届け
る料理をおいしくしていきたい等の，事業者の思いが表明される。**図7‐8**の
データでは74％の顧客が“商品・顧客への思い”のコンテンツに注目していた。
主体の外部に働きかける意思の表出は，将来も自己同一性を保った行為をなす
という，他者への約束としてはたらく（Austin, 1962）。現在と過去の知識に
よる人格的信頼をベースに，一貫性のある未来への意思が事業者から示されれ
ば顧客は，相手が将来も表現した意思にもとづいた行為をなすのではないかと
いう予期，信頼をもつ。

　顧客が事業者の自己表現の観察を通じて得た知識は，商品評価に対しても影
響するだろう（今田，2005）。当該の地域事業者についての知識を得たのちは，
たとえば新鮮な素材をもって誠実な人格が工夫して調理した商品であるという
知識が，顧客の味覚による検知に加わって商品が評価される（**図5‐4**・H3）。
得られた知識のあと押しがなされた商品評価によって，今後も期待する便益の
商品を提供するであろうという，顧客の事業者への信頼の態度はいっそう喚起
され，持続的な購買の可能性は高まる。

事業者の運営プロセス

　初回の購入を経た持続的購買段階においては，事業者側による顧客の信頼の
獲得のための，動的な商品開発プロセスが実践されている。一般に地域産品の
商品開発では，消費者ニーズを踏まえて開発するマーケットイン型ではなく，
事業者の自己充足的なプロダクトアウト型で発売される場合が多い。このため，
消費者のニーズと商品のミスマッチが起こりがちであることが指摘されている
（杉田，2013，堀田，2014）。三陸おのや事業にとっては商品の発売はゴールで

はなく，むしろ商品を顧客に届けて反応を得た後からが，商品開発の本格的な
スタートになる。

　顧客は商品においしさの便益を求めており，事業者に届けられる顧客の声に
は商品評価が記されている。一般に食品の味への評価は，おいしい／まずいだ
けではない多数の評価軸があり，加えて同じ商品に対しても顧客からは今回の
サバの煮付けは辛い／甘い，味が濃すぎる／薄いと，相互に矛盾がある評価が
下される（日本経済新聞，2016）。顧客による商品評価の最終審級は購買関係
の停止／継続の判断であり，購買継続率は顧客生涯価値・LTVに直結する重
要な指標となる。商品開発においては，顧客の不確定なさまざまな評価にでき
る限り応じて，商品の便益評価を高め続けることが目標となる。商品便益を高
めるためには，原料となる素材，産地の選択，調味料の選択と分量，調理法ほ
かの商品便益にかかわる無数の変数を制御するプロセスを内的な資源としても
たなければならない。内的資源は，システム外からの矛盾をも含む反応の不確
定性に耐えるシステム内の処理能力であり，内容的な多様性をもち，しかも事
細かには予測できないような諸問題に対して適用できる資源であると説明され
る（Luhmann, 1973, pp.146-148）。実際に同事業では，顧客対応部門に届けら
れる顧客からのフィードバックを分析し，商品開発部門を中心に，調達と製造
の各部門も含めて全社的に総合して，商品開発に取組み続けている。顧客の反
応に対応した，いわば顧客との共創による商品開発への不断の取組みにより商
品便益は高められ，その結果は顧客の9割の購買継続率，LTVの指標に現れる。
高められた商品評価によって，次回も三陸おのやの商品からは期待するおいし
さの商品便益が得られるであろうという顧客の信頼の態度が喚起されていると
考えられる。

　同事業は本章3節でみた表現開発のプロセスと並んで，**図7-9**に示すよう
な顧客の不確定な反応に対応し，調理の多様な変数をコントロールして継続的
に商品便益を高め続ける，動的な商品開発のプロセスを内的資源として備える。
2つのプロセスの循環は，2つの重要成果指標によって定量的に評価，管理が
なされている。初回購買段階では顧客あたり獲得費用・CPOの指標が投入施
策ごとに，また施策分類や期間区分で計測，分析される。持続的購買段階では
顧客生涯価値・LTVが継続率ほかの指標とともに計測され，月次の評価がな

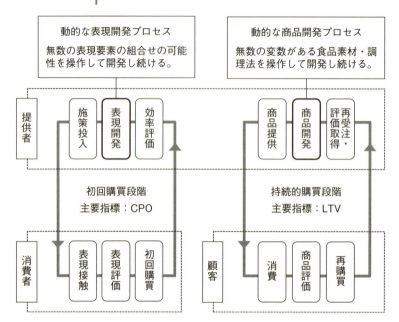

図7-9 持続的購買関係事例における事業運営プロセス

されて，次月以降の施策開発，商品開発に反映される。2つの循環的な運営プロセスが事業者への顧客の信頼を形成し，初回購買の獲得，持続的購買の促進に貢献している。実際に顧客数は累積的に増加し，同社の事業は成長していった。

コミットメント形成の可能性

本章では初回購買段階での取引の発生，持続的購買段階での取引関係の持続を，顧客の事業者への「信頼」が形成される過程として分析した。これまでにみた顧客と事業者の関係では，顧客が代金を支払い，事業者が商品を提供する商取引が中心にある。商取引における信頼は，取引主体の双方にとって不確定性のリスクを減じて，取引費用を低める（Fukuyama, 1995, 若林, 2006, 2009）。対象とした事業においては，顧客は事業者を信頼して支払いに見合う期待通りの商品便益を得て，事業者は喚起した信頼により持続的な購買関係を

形成して収益を高めている。この取引関係で生じた信頼は，双方にとって基本的に経済合理的に機能しているといえるだろう。

第5章および第6章で検証したモデルの顧客の持続購買意向に影響するもう1つの要因は，必ずしも経済合理性の範囲には収まらない価値合理的な「コミットメント」の態度であるが，その作用はまだ確認されていない。持続的購買段階での取引関係の継続は観察されているが，それが経済合理的な信頼のみによるものか，顧客の内面にあるコミットメントの態度が介在しているのかは，ただちには判明しない。持続的購買段階では，取引に付随して事業者の自己表現が豊富に表出されている。**図7-9**の持続的購買段階のプロセスで顧客側は消費した商品の便益を評価するとともに，事業者の自己表現を観察して評価し，信頼を喚起していると分析された。同様に**図6-2**の持続的価値形成モデルのH1の影響関係から，蓄積した観察による知識にもとづき，自らの価値観によって事業者を評価して取引関係自体に目的的に執着する，顧客のコミットメントの態度が形成されているとも考えられる。ここまでの分析では明らかになっていないコミットメントの態度は，通常の取引関係が予想する以上の，不確定性がいっそう増大した環境において，顧客の行為によって確かめられる可能性があるだろう。事業者と顧客の持続的な取引における不確定性が著しく増大した，危機の状況での両者の行動の分析から，顧客のコミットメントの態度が作用しているかどうかを確認する。

5　不確定性の増大による関係性の発現

不確定性の増大

持続的価値形成モデルでは信頼に加えて，コミットメントの態度が持続購買意向を喚起する影響関係が検証されている。この節では取引環境が大きく変化し，不確定性が増大したなかで，顧客の意識に存在していたコミットメントの態度が現れる過程を分析する。

顧客に形成された信頼が貢献し，購買は持続して小野食品の三陸おのや事業

は軌道に乗った。数千万円レベルの売上が得られるようになった消費者向け商品の生産が，既存事業のBtoB商品の生産に上乗せされて既存設備では生産能力が不足することから，同社は3億円を投資して，釜石に隣接する大槌の港に新たな工場を設けることとした（岩手日報，2010）。増加した顧客からの注文にできるだけ早く応えるため，工場引き渡しはひと月前倒しされて，2011年の2月末に竣工式が催された。来賓の大槌町長は地域の雇用の創出を喜び，地域産業の未来を期待する祝辞を述べた。祝詞をあげる神主を前に同社社長は，事業の未来の成長を期待していた。

　2011年翌3月に震災は起こる。事業所は津波を浴び，新工場はいちども商品を出荷できないままガレキとなった。このような事態は通常の取引で事業が想定する不確定性のリスクとは異なる，確率的には捉えられない危機といえる出来事である。震災の5日後，同社の小野昭男社長は顧客に対して自社のブログ上で，注文の商品を届けられず当面は商品供給の再開の見込みが立たないことを謝罪したうえで，次のような決意，意志の自己表現を示した（小野食品，2011）。

　　わたしたちの愛する三陸の釜石・大槌の被害は甚大です。また，大切にしてきたお客様とのご縁が，いったん途絶えてしまうのはほんとうに残念です。しかし，いずれまた従業員と三陸の仲間たちとともに立ちあがります。具体的にどういう形になるか・いつになるか，申し上げられる状況ではございませんが，この三陸の地から健康的でおいしい魚料理をお届けする仕事を，必ずや再開します。お客様の食卓に商品をお届けしてきたことがわたしたちの誇りです。これまでにいただいてきたお客様からのご支持が心のささえです。
　　三陸おのやの再出発の際にはご連絡いたしますので，ふたたびご愛顧いただけますよう，よろしくお願いいたします。本来ならばお一人おひとりのお客様にご連絡すべきところではございますが，このブログにて失礼いたします。
　　末筆ではございますが，またお会いできる日まで，どうかお元気で。皆様のご無事とご健勝をお祈り申し上げます。

コミットメントの発現

　存続の危機におちいった事業者への顧客の対応と，事業構造の変化をみる。震災の直後に小野食品には数十通のメールが顧客から届いている。

> 「毎回届くお魚を楽しみにしている者として心配でメールさせていただきました。大変だと思いますが，1日でも早く活動ができるよう心よりお祈り申し上げます。またおいしいお魚を食べさせてください」
>
> 「もうお魚を戴けないかと心配でたまりません。どうぞご無事でと祈っております」
>
> 「皆様のご無事を心より祈っています。おのやさんに頂いたカレンダーを見ながら，美味しいお魚をいつまでも待っています」
>
> 「操業が再開されましたら必ず注文します。皆さんがどうか無事でいますように。三陸地方の復興を祈っています。返信は要りません。応援しています」

　ついで支援金，支援物資が届く。10年分の先払いが振り込まれた例，復興支援のボランティアに訪れた顧客もあった。

　これら顧客の対応を受けて同社は被害が小さかった旧工場を復旧し，同年6月に生産を再開した。震災後の当初は，BtoB事業からの取引回復が期待された。しかし放射能汚染風評の影響があり，加えて供給停止期間中の仕入れ先の転換があって，施設給食ほかの事業者の需要は容易に戻らなかった。一方で数千人の一般顧客のほとんど，9割以上が取引の再開に応じた（日経BP，2012）。同社の売上に占めるBtoC取引の比は震災前の2010年には1割弱程度でBtoB取引が9割以上を占めていたが震災後にはこれが逆転し，**図7-1**の同社の推定売上推移に示すように，一般顧客向け売上が約8割を占めるようになっている。

　震災による出荷停止期間中の他企業への取引移行，放射能汚染風評の影響は大きく，その要因もあって10年が経過した時点でも，被災した水産加工企業の83％は震災前の売上に達していない（水産庁，2022）。事業者間のサプライチェーンに組み込まれて権力も作用するBtoB事業と比べて，消費者の選択の

自由が大きい消費財の取引は一般に商品のスイッチは容易で，BtoC事業の取引関係の粘着性は低い。消費者は，被災企業ではない，他の商品をいくらでも選べばよい。しかし事例対象の事業者の一般顧客との取引は早期に復活し，事業の復興と成長を後押しした。一部の顧客の安否を気づかうメールや支援物資提供の行為だけではなく，選択の自由がありながらも他商品にスイッチしなかった多数の一般顧客の取引持続の行為は，単に経済合理的な，得られる商品の便益を期待する態度のみに方向づけられているとはいえないだろう。

取引にともなって知識として蓄積された事業者の自己表現を自らの価値観によって評価して，愛着や共感をもって同社との関係に執着するコミットメントの態度は，本章で示したような過程を通じて，震災以前から顧客に形成されうる。震災後の時点での持続的購買は，震災前と外形的には同じながら対象への支援の意味を帯びており，他者との関係自体に価値を置く価値合理的な，顧客のコミットメントにもとづく行為であると考えられる。震災前から形成されていた顧客のコミットメントの態度は，震災後の取引の持続に貢献した。

水産加工業の企業の多くが被災に起因して現状も売上が低迷しており，同社でもBtoBの取引関係では震災の影響による取引中止がみられた。東日本大震

図7-10　三陸おのや震災後広告より

出所：2011年9月27日『読売新聞』夕刊15段（上5段部分）

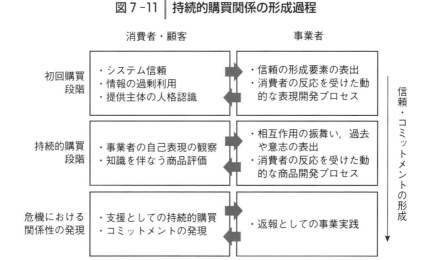

図7-11 持続的購買関係の形成過程

災は基本的に，事業者に取引関係の途絶をもたらした。一方で被災にもかかわらず，この事例の事業者と一般顧客との取引関係は復活して持続している。これは震災以前から顧客と事業者の関係性が生じていたことの証左となろう。震災による購買関係の停止による切断面に，潜在していた顧客のコミットメントによる社会的結合が露頭し，顧客と事業者との関係性が外的にも観察できたといえる。

　顧客側の態度に対して，事業者の行為は返報の意味をもつ。**図7-10**の震災年の秋の新聞広告では，支援への感謝が示されたうえで，「このご恩に報いるためにわたしたちができるのは，これまで以上においしく，そして安心して召し上がっていただけるお魚料理をご提供すること以外にはありません」と記された。震災前からのコミュニケーションの自己表現に現れていたように，同社の事業は，地域や食文化への貢献のような意味を含んで実践されていた。震災以降は顧客側の支援の意味をもつ行為に対する，事業者側からの返報の意味を含む行為として，事業を実践していくと表明されている。

　これまでにみた持続的購買関係の形成過程は，**図7-11**のように整理できる。三陸おのやの事例では，事業者の動的な自己表現と商品開発の運営プロセスに

よって形成された，顧客による信頼とコミットメントの態度が持続的購買関係を形成し，事業を成長させた。震災によっても揺るがなかった顧客との社会的結合の関係は取引の持続をもたらし，同事業者が直面した危機からの復興をささえる要因となった。

6 事例分析から

事業者と消費者との持続的購買関係が形成される具体的な過程を明らかにすることを目的として，成長を遂げた事業者のケースで事例分析を行なった。事業者と消費者・顧客との関係で，不確定性を超えて信頼が生じて，持続的な購買関係が形成される過程を初回購買段階と持続的購買段階，危機への対応の段階に3区分して分析した。

初回購買段階で消費者は，弱いシステム信頼と広告の自己表現のほかに手掛かりがないなか，自らがもつ地域についての知識の過剰適用および提供主体の人格認識によって，事業者への信頼を形成して購買にいたっていた。一方の事業者側は，より信頼を得るために，消費者の反応に対応しながら自己表現を開発し続ける，動的な表現開発プロセスを実践していた。

持続的購買段階で顧客は，商品評価に加えて，事業者の地域と顧客に対する振舞いや未来への意思の自己表現を観察して知識を蓄積し，事業者への信頼を深めて購入を持続していた。事業者側は商品に対して外部の顧客から寄せられるさまざまな評価に対応して，より便益の高い商品に向けて再開発し続ける，動的な商品開発プロセスの資源をもつようになった。

危機への対応の段階では，顧客の経済合理的な信頼の背景で潜在していた，自らの価値観による事業者の意思と振舞いへの評価にもとづく，コミットメントの態度が現れ，支援の意味をもつと理解される持続的購買の行為が実践された。これに対応して事業者は事業の実践を返報の意味をもつものとして捉え返していた。

事業者の自己表現の働きかけによって顧客に形成された，商品便益を期待する信頼および，取引関係自体の存続を願うコミットメントの態度による結合が，

商品の市場導入をささえて事業の成長を促し，いわば復興への力・レジリエンス（Zolli & Healy, 2012）としても機能していると本章では分析した。地域や企業の内側だけではなく，外部の消費者との持続的購買関係の形成過程を検証することで，これらの結果が得られた。

第8章 総合考察：理論的含意と実践への適用

本書は持続的購買についてのリレーションシップ・マーケティングなどの先行研究とD2C事業者の調査を踏まえ，顧客の知識が態度を介して持続購買意向に影響する持続的価値形成モデルを提起し，一般消費財と地域産品の顧客対象の２つの調査で検証した。事例分析では持続的購買関係を形成する過程について，初回購買段階，持続的購買段階，危機への対応段階に区分して考察した。この章では既存研究と本書の研究の違いに注目して，３点の理論的な含意を検討する。併せて研究から得られた，顧客生涯価値を志向するビジネスにとっての実践的なインプリケーションの３点を検討する。

1 「観察による知識」が持続購買意向を形成する

本書の研究は，独自の持続的価値形成モデルを提起した。当該モデルの先行研究との違いの１つは，顧客の持続購買意向の形成要因において事業者と顧客の相互作用ではなく，顧客の「観察による知識」が，持続的購買関係を形成すると指摘した点にある。ここで提起した一般消費財の持続的価値形成モデルは，顧客の意識を構成する変数に，顧客と事業者の直接の対面関係や，購買外のエンゲージメント行動の要因が含まれていない。むしろ顧客は，事業者から一方向的に働きかけられて，商品の代金を支払うほかは，事業者を受動的に観察して持続購買意向を起こす関係に置かれている。これはリレーションシップ・マーケティング研究やエンゲージメント研究にみられるような，事業者顧客間，顧客間の対面関係や相互作用に起因して，事業者との信頼とコミットメントの関係が生成されるメカニズムとは異なっている。

観察による知識は，**図8-1**に示すように蓄積される。事業者は，関与が高い一部の顧客と相互作用を行っているようすと，事業者がもつ地域や社会に対する意思と行動を，その他の多数の顧客に対して積極的に表現する。多数の顧客は，これら事業者の自己表現を観察し，顧客への振舞い，事業者の意思や行動についての知識を蓄積する。この理解は，D2C事業者調査および，モデルの検証と事例分析での発見事項にもとづく。第4章でD2C事業者の大半は，顧客生涯価値の向上のために顧客との"お客様の声，やり取りなどの紹介・訴求"と"提供者の思いや社会的意義"の表明の施策を重視していた。第6章のモデルの検証では多数の顧客が事業者について"顧客と親しくやり取りしている""地域や社会に貢献しようとしている"などの「観察による知識」を蓄積した。その知識が態度を介して，持続購買意向に正の影響を与える関係にあった。第7章の事例では，一部の顧客とのやり取りや経営者の思いを訴求した自己表現が，取引に付随したコミュニケーションを通じて顧客の多数に注目されて，持続的な購買関係が形成されていた。

既存研究が述べてきたように，顧客との相互作用やエンゲージメント行動は確かに，顧客との持続購買関係の形成に寄与するだろう。しかしその直接的な貢献がありうるのは3つの調査で示されたとおり，間接取引である一般消費財の顧客のうち少数の顧客の範囲（**表6-3，図6-3，図7-8**）であり，顧客

図8-1 事業者の自己表現の観察による知識の蓄積

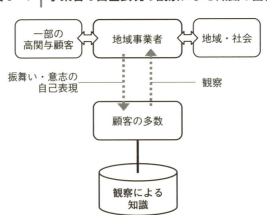

の多数は商品評価とともに，「観察による知識」の影響によって“利用し続ける”という持続購買意向を起こしている。実践においてもD2C事業者は，顧客の声の紹介や思いの自らの表出を重視する一方で，ソーシャルメディアやコミュニティによるエンゲージメント施策は過半のエキスパートが重視していない。

定量調査で検証した影響関係（**図6-1**，**図6-2**）と事例分析を踏まえれば，事業者の商品に込めた思いや製造にかかわる真摯な態度を知識として得たうえで消費経験をもてば，顧客の「商品評価」が向上する。顧客や社会とのやり取りで誠実に振舞う事業者の姿を観察して得た知識は，顧客のマインド内で事業者の未来の行いを信じる「信頼」の態度を高める。事業者の自己表現の観察によって，当該の事業者との取引関係に執着する「コミットメント」の態度が形成される。本書では総じて，相互作用ではなく相互作用の観察による知識が原因となり，顧客の商品・事業者への志向性のある態度に影響して，持続購買意向が形成されることを示した。

2 「コミットメント」概念が顧客の広範な態度を捉える

持続的価値形成モデルでは，設定した2つの態度のうちコミットメントについて第5章で，「必ずしも商品便益とはかかわらず，何らかの価値観にもとづいて，特定の相手との取引関係自体に執着する態度」と概念規定した。これにより広範で多様な消費者の持続的購買行動を捉えるモデルとなっている点が，既存研究とは異なる。

本書でのコミットメントは社会的行為論（Weber, 1922）の，主体の何らかの価値にもとづいて行為自体を目的とする価値合理的行為の概念を参照して，購買行動を方向づける態度に適用（第5章3節）したものである。この定義によるコミットメントの態度の持続購買意向への影響は，第6章のモデルの検証によって確かめられた。自由記述の分析（第6章6節）でも，顧客がそれぞれの価値観にもとづいて，事業者を評価している様子がうかがえる。馬路村農協

では，商品包装にあるイラストの産地風景に共感することをもって同事業者の商品を反復購入する顧客がみられ，ヤッホーブルーイングでは，商品開発の失敗もいとわない同社のアグレッシブな姿勢を評価して商品を反復購入する顧客が存在している。これらの顧客は，必ずしも商品便益とはかかわりのない事業者の自己表現に触れて，各人の価値にもとづいて，対象の事業者との取引関係に執着する，ここでいうコミットメントの態度を示している。第7章のケーススタディでは，顧客は取引に付随して一部の顧客との社交の振舞いや事業者の意思や行動についての知識を得る過程を経て，事業者への「信頼」とともに関係の持続を願うコミットメントの態度を形成していることを示した。

　持続的購買に向かう態度の概念規定では，多数の既存研究が「共同的－交換的関係論」（Clark & Mills, 1979, 2012）に依拠していたが，本書のモデルでは採用しなかった。同理論は社会関係のあり方を共同的関係と交換的関係に区分するもので，交換的関係は商品と貨幣の交換に典型的な，相手から得られる報酬を求める関係である。共同的関係は家族関係や伝統的共同体に典型的な，共同規範や相手との同一視にもとづき，利他的な無償の供与がなされる関係である。この共同的関係の概念はゴフマン（Goffman, 1959）の社会的交換概念に着想を得たものとされ（Clark & Mills, 2012, p.233），返報の義務を想定する社会的交換論（Blau, 1964など）とは違い，支援の供与の相手に返報を求めない特徴がある。

　既存研究が参照した共同的関係の概念は確かに消費者の態度の，商品便益目的以外の側面を理解するうえで有用な場合があるだろう。関係性マーケティング論の目標は融合し一体化した他者ではない相互支援関係であり，実際にコンテンツ商品の研究では顧客と事業者間にそういった関係が起きていた（和田, 1998, 2013）。エンゲージメント研究では，顧客コミュニティにおける支援の供与の相互作用が指摘されている（Brodie et al., 2013）。事例分析の危機対応段階（第7章5節）で，事業者が一部の顧客から支援を受けたことは，共同的関係の概念によって説明しうる。しかし，本書のコミットメントの態度による購買は，共同的な支援の関係にとどまらず，広範な購買行動を含む。第7章の顧客の大半は事業者との相互作用を行わず，エンゲージメント論でいう顧客知識価値を高めるなどの支援の供与を行っていないが，事業者の顧客や社会に向

かう姿勢を自らの価値観で評価して，持続的な購買にいたっている。第6章6節の顧客は反復購買を行っているが，自由記述に現れた態度は必ずしも，事業者への同一視や共同規範にもとづくとはいえない。ソーシャルメディアでの，いいね！やコメント程度の容易な供与も行わない多数の顧客は，事業者に対して支援のエンゲージメント行動を実践するほどの共同的関係にあるとはいえないだろう。顧客は，本書が概念規定した「コミットメント」の態度を形成し，その態度に方向づけられて事業者との持続的な関係を取り結ぶことが分析されている。すなわち，事業者の自己表現に現れた事業者の振舞いや意思と行動を，それぞれの顧客の内面の何らかの価値観にもとづいて評価し，共感や愛着をもって大切に思い，自己とは異質な他者である当該事業者を対象として執着するコミットメントの態度を起こしている。

　このコミットメント概念により，エンゲージメント行動ほかの，事業者との相互作用を実践しない多数の側の顧客の態度が理解できるようになった。取引対象へのコミットメントの態度は，信頼の態度とともに顧客の持続購買意向を形成すると分析された。提起した持続的価値形成モデルは，既存研究が参照した利他的な共同的関係に限定せず，その関係性を包含した，関係自体に価値を置く価値合理的なコミットメントの態度を概念規定して検証した。商品便益を目的とする目的合理的な信頼の態度と併せて，2つの対称的な態度概念により，多様な価値観をもつ消費者の広範な態度を捉えることが可能になった。

3　持続した市場取引から社会的結合が生じる

　顧客生涯価値を志向するマーケティング展開が市場での自由な取引を通じて，顧客と事業者，地域外の住民と地域との結合を形成することを本書の研究は見出した。持続的価値形成モデルは，市場社会のなかで摩擦なく商品選択の移行が可能な消費者が，取引を通じて事業者とのあいだの結合関係を生じさせることを示している。間接取引の物財を対象としたこのモデルは，先行研究が指摘する相互作用，また機会主義的行動に対する社会的制裁（Smith, 1896）や，BtoB取引で作用する権力（Stern et al., 1989）の介在を想定しない。第7章の

関係形成過程の分析では、消費者の事業者に対する関係では図8-2右図のように、初回購買段階では市場や媒体への弱いシステム信頼があり、持続的購買段階で人格への信頼が醸成される。その間に同時に顧客のマインド内にコミットメントが潜在的に形成されており、危機的段階では顧客から事業者への支援の意味のある購買として現れた。

同分析で適用した社会システム論（Luhmann, 1973）の信頼の段階は、社会の機能分化にともない、馴れ親しみから人格的信頼、システム信頼へ、図8-2左図のように変化するとされる。社会の機能分化は個人の自由の基盤であり（小山, 2010）、慣れ親しみからシステム信頼への段階は人が自由に向かう過程といえる。しかし事例で観察された段階はそれに逆行し、自由なシステム信頼段階から、対象に固着したコミットメントに消費者が向かう右図の過程である。つまり、初回購買段階で自由が保障されていた消費者は、選択の自由を手放して、特定の事業者との関係に執着するにいたったといえる。

売り手と買い手の関係についての研究では、恋愛関係の比喩がよく用いられる（Marx, 1890, Levitt, 1983など）。本研究においても恋愛のパートナーとのあいだで生じる関係と似た、自らの選択の自由を主体的に放棄して、特定の相手との不自由な結合関係を求める過程が、消費者に生じていると理解できる。消費者にとって商品は、消費行動のなかで無数の対象から出会った、暮らしをとりまく多数の消費財の1つにすぎず、商品の提供者とは直接の対面関係がな

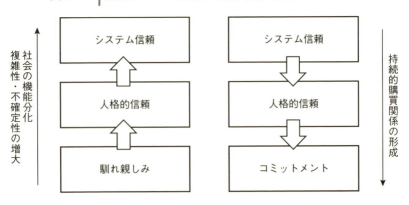

図8-2　信頼の3つの段階と持続的購買関係の形成過程

く，生来の地縁・血縁やコミュニティの場の共有も，事業者間取引のような権力関係もない。そうでありながら消費者は，相手の自己表現を観察して，他の選択肢の可能性を排除し，対象の一般消費財と事業者に特定した"自分にとって大切"，"愛着がある"との思いを形成して「特異な顧客関係性」（田村，2011）の社会的結合を結んでいた。

　このような事態を購買関係で分析した本研究は，まず消費財における消費行動ではコミットメントや共感の関与は限定的であろうという，センの悲観的な指摘（Sen, 1977）に反するものとなった。また市場における社会関係の疎外の問題指摘にも，相対化の視点をもたらしうる。たとえば消費社会が社会的紐帯を分断すると述べる際のボードリヤール（Baudrillard, 1970）や，人は自己愛に閉じ籠ると指摘したラッシュ（Lasch, 1984）のような議論に対し，現代の市場での取引が主体間の社会的結合を生む場合があるという，1つの例外の提示となる。

　地域産品の関連では，既存の地域のコミュニティの結合を重視して地域の内部の自給圏の経済循環による地域発展を目指すような議論（玉野井，1979など）に対しては，本研究は異なる観点からの考察を提供する。地域の外部に需要を求める実践が地域の産業振興に貢献し，地域外住民と地域との結合を新たに形成する可能性を本書の研究は示している。

　顧客生涯価値を形成するマーケティング展開は，相互作用や強制力を介さず，市場の自由な取引を通じて事業者と顧客との社会的結合を形成する。一般消費財の顧客は，目的や共同規範を共有しない，融合した共同的関係にはない事業者に対して，単に便益を得る手段的な関係としてだけではなく，自己とは異質な他者として尊重し，主体との関係を目的的に捉える結合関係を結びうることを本研究は指摘した。

4　LTV視点の重要成果指標

　つづいて1つめの実践的な含意について述べる。顧客との持続的な関係性を形成することで，事業成長がもたらされると本書の研究は示した。顧客との持

続的購買関係を明確に志向するD2Cは，近年に注目された事業だけに，そのビジネスモデルが必ずしも明らかではなかった。そこで第4章の事業者調査から，顧客生涯価値を形成する事業のダブルファネルの基本構造と，事業プロセス，事業収益のモデルを提示して検証した。各モデルで設定した持続的購買関係を志向する事業の主要な指標は，エンゲージメント研究ほかでも研究されている顧客生涯価値・LTVおよび，顧客あたり獲得費用・CPOの2つである（第4章3節）。持続的購買関係を志向する事業が実際に，LTVとCPOの2つを主要な重要成果指標・KPIとしていることは第4章の調査で明らかになった。第7章のケーススタディで対象事業者は初回購買段階でCPO，持続的購買段階でLTVの指標を適用し収益を高めたことが分析されている。第6章3節の事業者のうち，EC・DMを主要チャネルとする井上誠耕園と茅乃舎は顧客購買履歴に2つの指標を適用した事業運営を行ない，馬路村農協とスノーピークも顧客データベースを活用して，いずれも地域事業者がナショナル・ブランドよりも高い付加価値を得て成長している。

　近年の米国でのLTV計算研究の多くでもCPOの控除の操作がなされておらず（McCarthy & Pereda, 2020），顧客生涯価値の算出についてのコンセンサスは必ずしも十分ではなかったが，調査結果では顧客獲得費用が事業収益に大きく影響することは実務家の共通認識であった。また複数のD2C事業者への調査をベースとしてモデルを導出した既往の研究，報告はみられない。近年の環境に対応した事業者調査からモデルの構築と検証を行い，実践のケースを分析した本書の研究は，理論的にまたマーケティング実践への貢献においても，意義があると考える。

　両指標の関係は，**図8-3**（**図4-8**再掲）の顧客価値収益モデルとして表現できる。このモデルは原理的には反復購買のある，すべての一般消費財に適用できる。CPOを引き下げるほど，また購買頻度と購買単価を高めて累積客単価が高まるほど，損益分岐点までの期間は短くなり，LTVは向上する。事業の投資効率はLTVをCPOで除してROIとして算出され，継続顧客が蓄積されることで全体の収益性が高まる。反復購買される一般消費財の事業の採算と成長は，この2つの指標によって規定される。

　事業運営上でこのモデルは事業計画，収益予測，施策の策定と評価に利用可

図8-3 顧客価値収益モデル（再掲）

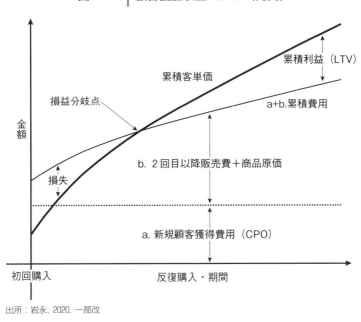

出所：岩永, 2020, 一部改

能であると購買履歴の実データを用いた第4章4節の分析で検証されている。たとえば事業計画策定上では，実績ベースのCPOとLTVを把握すれば損益分岐点が見通せて，新規顧客獲得投資の過剰または過少リスクを避け，着実に成長へ向かう計画を立てることができる。運営上の両指標の利用としては，まずは新規顧客獲得段階で投入する媒体と表現の評価にCPOが利用され，獲得効率の向上，最適化が図られる。実践での用例は**表4-3**に示した顧客獲得効率向上の検討方針に示されている。持続的購買段階では，獲得時期ごとの顧客区分の平均LTVが常にチェックされ，リテンション施策の改善が図られる。また，購入商品・獲得媒体・RFMなどの顧客区分ごとに算出したLTVにより採算性が評価され，対応する施策が開発される。実践での用例は**表4-4**に示したリテンション促進の検討方針に現れている。現在，LTV指標を活用している企業でも，初回購買時からの期間を区分していないケースが多いようだ。期間区分をせず，売上と稼働顧客数の割り算で平均累積客単価とLTVを算出する方

式やARPU指標では，新規顧客の比が大きい事業成長期にLTVの値が小さくなり，投資が過少になりかねない。成長段階ごとの適正な投資額設定のために，少なくとも初年度と2年目以降LTVなどの期間区分を設定したほうがよいだろう。

このモデルは本研究が形式知化して提示したものであるが，これに近しい認識はD2C事業やサービス業ほかの一部事業には以前からあった（加藤，2021など）。しかしナショナル・ブランドの多くでも現状，LTVの重要性は十分には認識されていない。LTV指標の実務適用には顧客データベースが前提となるが，ECとモバイルの普及で顧客購買履歴の捕捉は容易になったうえに，今後の成長を望む新事業，中小事業者の多くがEC販路を選択しており，LTV指標を適用しやすい。このような現状はこれからの事業成長を望む事業者にとってチャンスであり，CPO・LTV指標を活用した持続的購買による顧客生涯価値の形成に積極的に取り組むべきだと考える。

本書でみたダブルファネルの基本構造と，事業プロセス，事業収益のモデルは，D2C調査に協力したエキスパートの多くにとって，おそらく結果として示されると自明に近いだろう。そうであればむしろ，モデルが顧客生涯価値を志向する事業に適合し，実践に適用可能であることの証左となる。各モデルは実務的には顧客生涯価値の向上を図ろうとする事業者，D2C事業を手掛ける既存のナショナル・ブランド，事業を支援する金融機関などにインプリケーションを提供できる。このような議論は既存研究のPL志向からROI志向への転換，LTV志向への転換の示唆（和田，1998，Rust et al., 2010）と軌を一にする。特に顧客の持続的な購買によって得られる累積利益の最大化ではなく，単年度の会計上の利益の最大化を求めがちなプレイヤーにとっては，このモデルが示唆を与えうる。

第3章2節の6次産業事例の分析で認定事業の多くが小規模企業の段階にある一方で，定量調査と事例分析でみた地域事業者は顧客との関係を形成する施策を展開し，いずれも数十億円以上の年商規模になっていた。ここから事業の収益拡大を望む事業者は，顧客との持続的な関係を形成すべきであると考えられる。地域産品の事業でも収益を単発の販売の蓄積と捉える認識が根強いが，顧客の反復購入で収益が得られると捉えるべきだろう。そのうえで，顧客との

顧客生涯価値を志向し持続的購買関係の形成を図るマーケティング展開への転換が必要である。

5　顧客生涯価値を形成する10件の事業方針

　前項でみた顧客生涯価値を志向する事業モデルが認識されたとして，そのうえでマーケティングを実践する主体としては，顧客との持続的購買関係をどのようにして形成するかを問うことになる。第6章で検証された持続購買意向を形成するモデルの影響関係を踏まえると，マーケティングの主体がなすべきなのは，より高い評価を得られる商品の開発であり，もう1つは顧客のコミットメントと信頼を形成する自己表現の開発である。ここでは本研究で導出された，顧客の購買を持続させて顧客生涯価値の形成を目指すための自己表現にかかわる10件の事業方針を，**表8-1**の3つの区分で提示する。加えてエンゲージメント，相互作用にかかわる施策方針も示す。

表8-1　持続的購買関係を形成する方針

■総合方針
①初回購入後の顧客に継続的に情報提供を行う。
②自社の売り場を自己表現の場とする。
③消費者の評価を受けた動的，経常的な事業開発に取組む。

■顧客と商品にかかわる方針
④顧客・商品への思いを表明する。
⑤顧客の声を聞き，対応する振舞いを顧客に広く表出する。
⑥商品づくりを顧客とともに行う姿勢を，顧客に広く表出する。

■事業主体にかかわる方針
⑦事業主体を固有性のある人格として表現する。
⑧事業主体の過去と今ある立脚点を示す。
⑨社会・地域への思い，未来への意思を表明する。
⑩自己表現に一貫性をもつ。

総合的な3つの方針

①購入後の顧客への取引に付随した継続的な情報提供が，持続的購買関係の形成に貢献する。反復購買を促進するために，まずは初回購入後の顧客への働きかけは不可欠となる。購入初期段階での施策投入は特に重要であり，D2CビジネスがF2転換率を重視するのは，2回目購入を促進し累積客単価曲線を早期に引き上げて，LTVを高めるためである。これは第4章のD2Cエキスパートの共通認識で対応施策が投入されているが，一般消費財の事業で2回目購入の促進施策は，現状では必ずしも対応が十分ではないと思われる。第7章の事例では初回購入後の顧客に対して，商品の提供と併せて商品同梱やソーシャルメディアほかの媒体を通じた情報提供を行っていた。第6章6節の各事業者も同様の施策方針で，高い顧客継続率を維持している。付き合いの浅い最初期段階では，使用法や商品素材・製法の訴求など商品の知覚便益を高めるステップメールなどによるコミュニケーションも有効だろう。販管費圧縮のためにできるだけ避けたいが2回目，3回目購入への継続インセンティブの外的報酬の提供も検討される。同時に，自らについての知識を初回購入後の顧客に蓄積して，顧客の内面に信頼とコミットメントを喚起する継続的なコミュニケーションが必要である。これらの施策の開発には，初回購買以降の顧客の意識変容と接点を捉えた，購買後カスタマージャーニーの想定が貢献する。持続的購買関係を築くために事業者は，初回の購買以降の顧客に対して継続的に，その事業者らしい自己表現を実践しなければならない。

②情報をコントロールしやすく豊富に届けられる，自社販路を活用する。量販店やECモールのような他社が主導する販路では，表現の機会と内容の範囲が限定され，顧客に対する持続的なコミュニケーション施策が取りにくい。第6章5節で自社の販路，自社ECサイト，カタログ，店頭の自社専用売り場が主力の事業者は，そこで取引にともなって厚い自己表現を行なって顧客のコミットメントを高め，高い付加価値を実現していた。自社ECなど顧客への自己表現がしやすい“売り場”をもって，付加価値の向上と持続購買に結びつけたい。

③消費者の評価を経常的に取り込んで変化し続ける事業運営がなされるべき

である。変化する市場環境において多様で不確定な消費者の反応があるなかで，機動性を欠いた姿勢では事業成長は得られ難い。デジタル広告では消費者の反応を踏まえたABテストによる動的な表現開発が必須となっており，生成AIの進化につれていっそう表現の最適化が進んでいく。表現だけでなく商品についても，顧客の評価を経た最適化を継続していかなければならない。D2C事業者と事例研究対象の事業者は，事前の設定に固執せず，顧客の反応の不確定性，開発要素の複雑性に対応し続ける動的な循環を内的資源としていた（**図4-7**，**図7-9**）。顧客の反応を踏まえて経常的に自己表現と商品を改善する，アジャイル（平鍋ほか，2021）な事業運営のプロセスをもてば持続購買の可能性は高まる。

顧客と商品にかかわる3つの方針

　顧客生涯価値を志向する事業は，④**顧客・商品への思いを表現しなければならない**。提起した意識モデルでは顧客の商品への評価が信頼を経て持続購買意向に影響しており，また観察による知識の商品評価への強い影響が検証されている。顧客と商品に対する売り手の真摯な思いを，顧客に納得させて知識として蓄積すれば，商品の評価も高まる。事例研究の事業者は初回購買段階から，顧客と商品への思いを表出して信頼を形成していた。事業者についての自由記述（第6章6節）でも顧客対応は，「購入していない顧客も大事にする」「ネット上では親切丁寧に対応している」「ファンを大切にしている」「顧客対応は親切ていねい」のように記憶に残っている。商品への思いについて顧客は「手抜きなし」「手間暇かけて作られた」「食へのこだわりと愛」「ていねいなモノ作り」のような知識を蓄積して，反復購買にいたっている。

　顧客を大切にする，親切にするとただ述べるだけでは納得は得られない。顧客への売り手の思いは，顧客の声に耳を傾けて対応する行動に現れなければならない。さらに顧客対応の振舞いが，多数の顧客の知識となることで広範な持続購買意向を起こす。そこで⑤**事業者は顧客の声を聞いて対応する振舞いを，顧客に広く表出すべきである**。実際にD2C事業者は"顧客の声の取得"と"やり取りなどの訴求・紹介"を顧客対応施策として重視しており（**図4-3**），高成長企業ほどその傾向が強い（**図4-4**）。事例研究の事業者のように，ク

レーム対応や季節のあいさつの社交のコミュニケーションをも含めて顧客対応の振舞いを紹介すれば，対応に注目する多数の顧客の信頼とコミットメントは高まる。顧客生涯価値の形成を志向する一般消費財の事業者は一部顧客とやり取りする姿を，ソーシャルメディアなどデジタルメディアほかの媒体を通じて，多数の顧客に対して積極的に表出していく必要がある。

⑥**顧客とともに商品づくりを行う姿勢を，顧客に広く表出すべき**である。エンゲージメント理論でいう顧客との価値共創は，商品価値を高めうる。ただし価値共創の代表例といえる無印良品で商品開発に関与する顧客は0.1%に満たず（第2章3節），エンゲージメント行動を実践する顧客は1割程度にとどまることが確認されている（**表6-3，図6-3**）。価値共創の相互作用が，顧客の購買持続に直接的に影響する範囲は限定的である。一方で調査対象の多数の顧客は"（事業者は）顧客の声を聞いて，商品を作っている"という知識をもって，持続購買意向を喚起している。自由記述にも「顧客の意見を聞き，商品に生かす」「使用者目線で開発」などと事業者の開発姿勢についての知識が現れている。一部顧客との商品の価値共創は，その姿勢を伝えるコミュニケーションの実践を通じて多数の顧客の知識になることで，購買の持続に貢献する。

事業主体にかかわる4つの方針

⑦**顧客との関係を取り結ぶために，事業主体を固有の人格のある存在として表現する**。第7章の事例研究の初回購買段階で消費者は，従業員の集合写真や事業者の意思の表現の要素に触れてマーケティング・コミュニケーションへ不信を軽減し，「生産者の顔が見えてよい」「顔が見えるのは安心」と売り手の人格への信頼を頼りに初回の購買に導かれていた。持続的購買段階で個人名を付したコミュニケーションによって人格的信頼はいっそう高められ，"応援"や"心配"の対象になる価値合理的なコミットメントの態度も顧客に発生していた。顧客の声を聞いて対応する過程でも人格が必要である。相手が顔の見えない組織やブランド名の看板であれば，人は対話ができない。実在性を端的に示せる個人名の利用も有効だろう。売り手の主体を個人，複数個人に設定しない場合も"わたしたち"と表現できるようにしたい。商品の提供者であるわたしたちが，どのような経験を経て，何を願い，どう振る舞うのかなど，いわば売

り手側としてのペルソナを設定することが望ましい。顧客との気持ちのつながりを形成し，持続的購買関係を取り結ぶうえで，非人格的な企業組織や抽象的なブランド名ではない，具体的な成り立ちや思い，意思をもつ人格としての自己表現が貢献する。

⑧事業主体の過去と，今ある立脚点を示すことで顧客の信頼を形成する。まず事業者の過去のあり方を知ることは，信頼を増す要因となる。事例研究の事業者は従業員の過去の思い出や事業を起こした経緯を表現し，顧客も"過去のエピソード"に注目して売り手への信頼を高めている（**図7-8**）。第6章の顧客の自由記述にも「発売当初は大変なご苦労があったそうですね」「小さなしょうゆ蔵から始まり，今では手広く」「ファンを大切にしながら事業を拡大し続けた」など，顧客は売り手の過去についての知識を蓄積して反復購買している。他者の過去についての知識は，人格の一貫性を認識させて信頼を高める要因となる。また，根拠とする地域など現在の立脚点を示すことも信頼を形成する。根拠地の主張はナショナル・ブランドでも，東京銀座・資生堂，サッポロビール，世田谷自然食品などの例がある。地名との結びつきは，地域に位置をもつ実在であると認識させる効果があり，顧客がもつ地名についての知識を売り手に付与するはたらきがある。特に顧客にとってなじみが薄い企業では立脚点の自己表現が，地域社会で暮らしと事業を営む，実在する主体であると認識させて信頼を喚起する貢献が期待できる。定量調査の対象の顧客でも，事業者についての知識を記述した頻出語の上位に地名が現れていた。事業者固有の過去と立脚点を自己表現することで，顧客の意識内にマーケティング上で有利な態度を形成できる。

⑨社会・地域への思いと行い，未来への意思を表明する必要がある。提起したモデルでは"良いこと正しいことをしようとしている"，"地域や社会に貢献しようとしている"ほかの項目で構成される観察による知識が高いほど，顧客の持続購買意向が増す影響関係が検証された。実務においてもD2C事業者は"提供者の思いや社会的意義"の理解促進を持続購買に誘導する重視施策としていた（**図4-3**）。「なぜこの商品を届けたいのか，商品に込めた動機のWHY」の訴求が必要というエキスパートの意見もあり，顧客との関係性を結ぶためには提供者の思い，パーパスの表明が重要であるといえる。ケーススタ

ディの対象事業者は食生活や地域振興への意思を表明し，購買継続率を高めて
いた。

　主体による意思の表出は，将来も自己同一性を保った行為をなすという，他
者への約束としてはたらく。そのため意思表明は顧客の売り手への信頼を形成
する要因となる。また社会・地域への思いと行い，前述④の顧客・商品に対す
る思いも含めて，いわゆる事業のパーパスの自己表現の内容に対して，顧客は
自分の価値観によって評価する。売り手の意思と実践が自分の価値観に沿うも
のであれば顧客は，取引関係自体に執着するコミットメントの態度を起こして，
事業者との持続的購買関係を結ぶことになる。

　⑩自己表現に一貫性をもつ。自己表現の表象と内容の一貫性は，顧客の売り
手への態度を規定する。茅乃舎は事業の開始時に，大きな投資で福岡久山町に
藁葺き屋根の料理店を築き，事業展開の根拠地として，その料理店の図像を，
商品包装ほかの自己表現の中心要素としている。全国の百貨店に展開する直営
店の店装も，同料理店の世界観を表現する。その統一された表象は，みるもの
に売り手のアイデンティティの一貫性を認識させて信頼を高める。馬路村農協
は村と村人を表現する独特のデザインで一貫した自己表現を行う。表出された
パッケージ，DM，ブランドサイトのビジュアル・アイデンティティに触れた
顧客は「個人的な手紙や壁新聞のよう」「好き」「大好き」といった愛着の反応
を起こしている。表現の内容ではたとえば，スノーピークの「人生に野遊び
を」というコンセプトは商品開発だけでなく，事業展開全体に通底している。
コンセプトは顧客の知識にも「野遊びを楽しむモノづくり」と定着し，「野遊
びという言葉にワクワク」「我が家にはなくてはならない」と価値観との合致
によるコミットメントを喚起する。一方で自己表現の統一性の保持が容易では
ない局面もあるだろう。一般に新規顧客獲得段階でのコミュニケーションは商
品便益の強力な訴求，いま購入するとお得だとの認識の獲得が必要とされる場
合がある。またABテストでは複数の内容，構成の表現が提示され続ける。こ
のように一貫した自己表現の方針が難しい要因は確かにあるが，その際も表現
のトーンや要素をもって，可能な限り一貫性を保持するべきだ。コミュニケー
ションの表象，内容が一貫しない主体は，自己同一性のない人格，いわば“多
重人格”と認識されて信頼を失う。

エンゲージメント，相互作用の役割と方針について示す。定量調査では相互作用を実践する顧客の比は高くなかった。D2C事業者により「手間がかかる」との指摘もなされており，コミュニティ形成などのエンゲージメント施策への過剰投資は避けたい。ただし一部顧客との親密な相互作用は，方針⑤と⑥に示したように，事業者の自己表現のコンテンツとなる重要な役割がある。また既存研究が示すように商品の価値共創や顧客の情報発信に貢献する。エンゲージメント施策への投資はLTVへの寄与に留意しつつ，相互作用の質を高める必要がある。

6　産業振興と関係人口の形成促進

地域産業振興への適用

地域産品の振興は容易ではなく，公的支援を受けた6次産業の認定事業の多くが，未成長の小規模企業の区分にとどまっていた（第3章2節）。本書で検討した持続的購買関係による顧客生涯価値を志向する事業視点は，地域の商品・サービスの産業振興施策に適用できる。

地域産品の事業は前節で示したような持続的購買関係を形成する方針によって，調査対象とした事業のような成長を遂げうる可能性がある。地域産品の商品開発は公的支援を受けていることも多く，送り手視点の開発がなされがちで，コンセプトの当初設定が固定する傾向がある（木下，2016，鈴木，2017）。前節の方針③を適用し，商品とコミュニケーションを動的にブラッシュアップし続ける事業運営を行うことで成長可能性は高まる。地域ブランド知識のマーケティング活動への利用は，既存研究や本研究でも示されているとおり，初回購買と持続購買の促進に有効である。また，地域ブランド知識の周知が十分ではない地域であっても，D2C事業者や調査対象事業者がとっていた前節の方針を適用すれば，新規顧客獲得段階で信頼の獲得，持続的購買段階でのコミットメントの態度を起こして，消費者を初回購買，反復購買に導ける。

前節の10件の方針のうち地域産品は①初回購入後のコミュニケーション，②

自社販路の活用には特に留意したほうがよい。販路については方針以前に，地域産品の商品開発では，販売チャネルの現実的な想定がない例が多くみられる。道の駅や自治体アンテナショップでは，費用を投じたらしい立派なコンセプト設計，パッケージデザインがなされて，しかし他のどこで売るのかが明らかではない商品が値ごろを超えた価格で並んでいる。どの売り場を選ぶか，バイヤーが扱ってくれるか，そこでどれくらい売れる見込みか，その売り場での競合商品との価格競争力はあるか，値ごろを超えるなら高価格を正当化するコミュニケーションがいかに可能かなど，きちんと検討した商品開発を行なってほしい。その際には，第6章6節の各地域産品の展開，第7章の事例が参照できる。

　産品振興や観光誘客施策のキャンペーン，地域ブランディング動画などの地域産業の振興を目的とした施策は，投資効率の事前の試算と事後の評価がなされるべきである。D2C事業者が最重要のKPIとしていたCPO・顧客あたり獲得費用（第4章3節，4節）の概念は，施策の事前の採算性評価にも利用できる。計画段階での想定CPOは，**式6**に示すように施策の1人あたり到達コストを想定顧客転換率で除して算出される。施策の費用対効果は反復購入によるLTVをCPOで除算した想定ROIとして示せる。顧客転換率は，自分や周囲の誰かが同様の施策に接触した際に，実際に商品・サービスを購入する比を想定すれば，大まかに見込める。消費者は1日に数百件のPR施策と広告，CMや動画広告，バナー広告，交通広告などに触れている。そのうち接触をきっかけに購入する商品・サービスが何件あるかを想定すれば，1回の情報接触からの顧客転換率はおおむね0.1%を超えることは多くないだろう。

式6．地域産業振興施策の採算性評価

想定CPO ＝ 想定到達コスト ／ 想定顧客転換率（CVR）
想定ROI ＝ 想定LTV ／想定CPO

・想定到達コスト ＝ 施策投資額（制作費・媒体費など）／ 想定到達数

・想定顧客転換率：商品・施策ごとに，接触したターゲットの何%が買うかを常識的に想定する。

計画段階では，いずれ施策の結果は不確定であるが，想定できるCPOや顧客転換率が現実的でないのであれば，その施策の優先順位は低く，著しく非効率的な投資になる可能性が高い。また到達コストと想定顧客転換率が事前にイメージできないなら“運を天に任せる”施策であり，やらないほうがよい。試算の確度にある程度の自信があって実施する際にも，効果測定を行うべきである。たとえばソーシャルメディアでの地域PR動画であれば，観光訪問や地域産品購入に利用できる電子クーポンを接触者に提供すれば，来訪促進になるうえに費用対効果が測定できる。

　まずもって原資不足を認識したまま（経済産業省，2014）の地域ブランディングへの中途半端な投資はムダであり，その投資は直接の観光誘客や産品の販売促進，マーケティング活動に振り向けるほうが有効だろう。地域の商品に一定の顧客の支持がある場合は，地域産業振興のためには新規顧客のリピート，反復購買を促進する施策への投資が望ましい。

地域を支える関係人口の形成

　顧客生涯価値のマーケティング活動は，産業振興以外の意味でも外部波及効果を起こして地域に貢献する。事業展開結果で得られる域外の顧客との社会的な結合は，地方にとって積極的な役割を果たせる。公共事業と地方交付税の抑制や地方に財政的自立を求める立場は，都市の市民層の利得にも起因して一定の支持がある（岩永，2020）。こういった市民の姿勢が都市住民に広がれば地方の存立は危うくなっていく。地方の存続のためには，地方の存在を大切に思う意識が都市の住民に広く共有されることが望ましい。地域産品の市場導入により，都市住民が地方の事業者に対して，信頼とコミットメントと態度をもって持続的な関係性をもてば，都市から地方への地域間再配分の政策を容認，支持する基盤となりうる。

　地域産品のマーケティングでは，公共的な情報財である地域についての知識を利用し，事業者は経済的な成果が得られる。ただしモデルの検証と事例分析では，地域事業者の持続的購買関係を形成するマーケティング活動が，地域の共有財である地域ブランド知識を利用するだけではなく，地域間の社会的結合という成果を生じさせていた。一般のブランドにおける顧客の態度が向かう対

象，結合の対象は商品，商品を売る企業であるが，地域産品の場合は商品というモノや企業の組織，事業のみが対象となるのではない。研究対象とした地域事業者は地域の要素を訴求し，地域に暮らす人格としての自己表現を行っていた。顧客のマインドには地域についての既存の知識に加えて，地域の住民についての知識が蓄積されている。これにより，顧客にとって抽象的で縁遠い存在だった地域住民が，地域で暮らしと事業を営み，意思をもって他者に働きかける，実在する人格として認識される。調査では実際に，地域の主体に対して"とても信頼できる"，"とても愛着がある"，"応援する"のような態度をもち，根拠地とする地域自体への愛着が生まれていた（第6章7節）。地方の主体と目的的な関係性を持つ，地域と気持ちのつながりを結ぶ都市の住民は，地域外にあって地域の発展に寄与する，いわば地域の資源，社会関係資本といえる。地方自治体は，地域社会の維持と発展のためにも，地域外の住民との社会的結合を形成する持続的購買関係形成の取組みを，積極的に支援すべきであると考える。

　持続的購買の結合関係にある地域外の顧客は，地域産業の成長の基盤となる。地域産品の事業成長は雇用の創出をもたらし，当該事業者以外への波及効果の可能性もある。自治体は事業者による持続的購買を促進する実践を支援すべきだろう。

第9章 結論：顧客生涯価値の形成に向けて

1 結果と研究の意義

　本書は顧客生涯価値を増大させる顧客との持続的な関係性を，形成する要因と作用を解明することを目的とした。ここまでの検討で得られた顧客の持続的な購買関係を形成する作用は，図9-1のように示される。四角は外的に観察可能な主体の行動・経験で，楕円は主体のマインド内に想定される潜在変数となる構成概念を示し，実線矢印は要因間の影響関係を示す。マインド内にある知識および態度はいずれも対象をもち，この場合は商品と事業者を対象とする。

図9-1　顧客生涯価値の形成循環

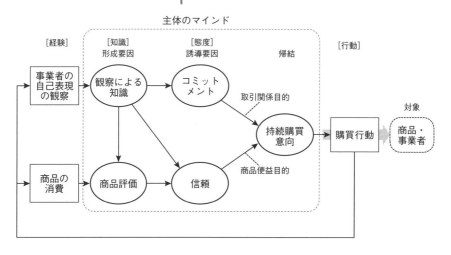

商品の販売にともなって事業者は自己表現を行い，消費者はそれを観察してマインド内に知識を蓄積する。事業者の自己表現の観察と商品消費の経験によって，商品と事業者について「観察による知識」と「商品評価」が蓄積され，その知識の影響により2つの態度が喚起される。商品便益を目的とした目的合理的な「信頼」と，相手との取引関係に価値を置く価値合理的な「コミットメント」の双方の態度に導かれて「持続購買意向」が形成される。意向が購買行動となれば，取引に付随して事業者のコミュニケーションに接触し，商品の消費を経験して，ふたたび顧客に知識が蓄積される。事業者側は顧客の反応に対応しながら，より購買に誘導できるよう，自己表現と商品自体の開発を経常的に実践する。この過程が順調に循環するならば，顧客との持続的な購買関係が確立され，顧客生涯価値が高められていく。本書の研究は持続的な購買関係を形成する要因，作用をこのように分析した。

　問題意識を提示した第1章に続き，第2章では持続的購買関係の先行研究をレビューした。リレーションシップ・マーケティング研究は消費財のマーケティング実務に対して，顧客関係持続施策の開発や顧客生涯価値の定量分析の貢献が大きい。ただし既存研究は生産財，サービス財取引を対象としたものが主で，取引主体間の対面的な直接接触関係や，顧客との密な相互作用を持続的購買関係の前提としており，一般消費財の特徴を踏まえた関係性構築の知見は十分ではない。エンゲージメント研究が見出したコミュニティは，商品の顧客との共創に貢献する。しかし相互作用に参加する顧客の比が小さく，多数の顧客での購買の持続への影響は大きくないと考えられた。顧客生涯価値の形成のために一般消費財は，直接に相対しない消費者との購買関係を形成しなければならない。そこで対面関係や相互作用に依存せず，消費者の商品への持続購買意向がいかに形成されうるかを検討する必要があると指摘した。

　第3章では公的支援を得て地域産品を開発する6次産業認定事業者の多くが小規模企業の域を出ず，事業成長を実現していない現状の課題を指摘した。地域産品に関して地域ブランド研究は消費者の地域についての知識を利用した産品開発の有効性を示している。その一方で既存研究では，商品開発後の地域外の消費者への商品の市場導入については十分に検討されておらず，地域産品を購入する需要側との関係性に着目した研究は乏しいと指摘されている。一般消

第9章 結論：顧客生涯価値の形成に向けて　175

費財である地域産品が，地域外の販路へと展開すれば間接取引に移行する。地域産品の事業成長のためには，地域外の顧客との持続的な購買関係の形成が必要であるとの課題を本書は提起した。

　顧客生涯価値の形成を強く志向するD2Cビジネスの事業者調査を第4章で行い，顧客を持続購買に導き，収益を高める事業モデルを検討した。結果，ダブルファネルの基本構造，3つの循環をもつ事業プロセス，事業収益のモデルが示された。本書が提起した実績ベースの顧客価値収益モデルは，不定額・不定期の事業収入，無限遠の時間軸設定に対応していた。収益モデルが有用かどうかを，実際の購買履歴データに適用して検証したところ，事業計画，収益予測，また施策方針の策定と評価などに利用できると考えられた。実務で実践されている顧客生涯価値を高める複合的な事業プロセスと収益モデルを，本書の研究は形式知として明らかにした。

　第5章では，消費者の持続購買意向に影響する諸要因として，形成要因「知識」・媒介要因「態度」・帰結「持続購買意向」よって構成される，「持続的価値形成モデル」を提起した。形成要因である知識の1つは商品の消費経験によって得られる「商品評価」とし，もう1つを事業者の自己表現の観察によって得られる「観察による知識」とした。持続購買意向を導く態度は社会的行為論（Weber, 1922）を援用して概念規定し，事業者との取引で得られる商品便益を期待する目的合理的な「信頼」と，事業者との取引関係自体を目的とする価値合理的な「コミットメント」の，2つの態度を設定した。社会的行為論を適用した消費行動のモデルは既存研究ではみられない。

　当該モデルの妥当性の検証と，要因間の影響関係の分析を行うために第6章で2つの定量調査を実施した。D2Cブランドを含む一般消費財の顧客8,961件，5つの地域産品の顧客1,644件を対象とした調査データに共分散構造分析を適用して分析した。その結果，観察による知識は商品評価に影響を与えていた。"今後も満足できる商品を届ける"などの項目で構成された信頼の態度は，主に商品評価によって形成されていた。"損得抜きに応援する"などの項目によるコミットメントの態度は，観察による知識の影響で形成されていた。顧客の持続購買意向は，目的合理的な信頼と価値合理的なコミットメントの，双方の影響で起きることが分かった。これにより，直接接触関係やコミュニティの相

互作用が介在しない，商品評価と観察による知識を形成要因とした，持続的価値形成モデルが妥当であることを示した。

第7章では定量分析を受けて，顧客と事業者の持続的購買関係の具体的な形成過程を明らかにするために，成長した事業者の事例分析を，社会システム論を適用して行った。初回購買段階で事業者の自己表現に接触した消費者は，地域についての知識の適用と事業者の人格認識によって，事業者への信頼を形成していた。持続的購買段階で顧客は，商品評価に加えて，事業者の思いや顧客への振舞いの自己表現を観察して得た知識により，信頼を深めて購入を持続した。事業者側は，消費者の反応に対応しながら自己表現と商品を再開発し続ける，動的な表現開発プロセス，商品開発プロセスの資源をもっていた。直面した危機に際しては，経済合理的な信頼による取引の背景に潜在していた，顧客のコミットメントの態度が現れ，支援の意味をもつ持続的購買が実践されて，事業の復興と成長をささえた。持続的購買関係の形成要因，形成される過程を，以上のように分析した。マーケティング研究へのルーマンの社会システム論の利用例はあるが，ケーススタディでの適用は管見の限り他にみられなかった。

これらを踏まえて第8章で研究にもとづく理論的なインプリケーションを示した。また持続的購買関係を形成し，顧客生涯価値を高める実践に向けた提案を行った。

2　研究の限界と今後の課題

本研究について，持続的価値形成モデルの帰結，社会的結合の社会的意義の2つの観点で限界を指摘し，今後の研究に向けての課題を示す。

ここで提起した持続的価値形成モデルは，持続購買意向の態度を帰結とするが，マーケティング活動の目的は態度の形成ではなく，持続的購買の行動による収益の獲得である。持続的購買の収益指標はLTV・顧客生涯価値であり，LTVを帰結とする分析では，顧客意識調査と顧客購買履歴が連動するシングルソースデータが必要になる。データを調達したうえで，持続的価値形成モデルの帰結としてLTVの向上が得られる影響関係を捉える，「顧客生涯価値形成

モデル」の研究が取り組まれなければならない。

　取引主体間の結合が市場取引を通じて生じると本研究は指摘し，持続的購買関係形成のための方針を示している。しかし社会的結合は必ずしも社会的に望ましいものではなく，顧客との持続的購買関係に対しても，各視点からの批判がありうる。公正で透明な市場を求める立場からは，顧客との固着した結合関係は取引の自由を阻害し，市場にゆがみをもたらすとの批判がなされるだろう。本書でみた取引による社会的結合は，社会関係の分断を告発する消費社会論に対して１つの例外提示となる一方で，消費者の欲求が生産に従属する，システムに組み込まれるといった議論（Galbraith, 1958, Ritzer, 1996など）からは，エンゲージメント研究ほかとともに批判対象となる。しかしマーケティングはもとより，消費者に選択の自由を主体的に抑制させ，固着した関係を結んで収益性の向上を求める営為である。これら批判に対してマーケティング主体がとりうる対応は，１つには自己表現する事業の社会的意義について，単なる掛け声や欺瞞とはならぬよう，つねに目的と帰結を反省的に捉えなおしながら事業実践にあたることであろう。研究としては事業主体や支援者に示唆を提供するためにも，社会への正負の影響の研究が必要である。

　顧客生涯価値を志向するマーケティング実践は商品便益を高め，持続的購買関係を結び，企業に事業成長の機会を与える。顧客の消費生活に意味を付与し，暮らしの豊かさをもたらす。販路の段階と物理的な隔絶を超えた，売り手と買い手との社会的な結合により，地域社会の可能性を拓く。本書の研究を踏まえて持続的購買関係を構築する要因の研究をさらに進めなければならない。

参考文献

Aaker, D. A. (1991) Managing Brand Equity: Capitalizing on the Value of a Brand Name, The Free Press. (1994, 陶山計介・中田善啓・尾崎久仁博・小林哲訳『ブランド・エクイティ戦略』ダイヤモンド社).

Aggarwal, P. (2004) The effects of brand relationship norms on consumer attitudes and behavior, Journal of consumer research, 31(1), 87-101.

Allport, G. W. (1935) Attitudes. In C. Murchison (Ed.): Handbook of Social Psychology Worcester, 798-844, M A. Clark Univercity Press.

AMA; American Marketing Association. (2017) Definition of Brand, https://www.ama.org/the-definition-of-marketing-what-is-marketing/ (2022.12確認)

Amine, A. (1998) Consumers' true brand loyalty: The central role of commitment, Journal of Strategic Marketing, 6, 305-319.

Anscombe, G. E. M. (2000) Intention, Harvard University Press. (2022, 柏端達也『インテンション 行為と実践知の哲学』岩波書店).

Assael, H. (1984) Consumer behavior and marketing action, Kent Pub. Co..

Aurier, P., & N'Goala, G. (2010) The differing and mediating roles of trust and relationship commitment in service relationship maintenance and development, Journal of the Academy of marketing science, 38, 303-325.

Austin, J. L. (1962) How to Do Things with Words, Oxford: Oxford University Press. (2019, 飯野勝己『言語と行為 いかにして言葉でものごとを行うか』講談社).

Barber, N., Kuo, P. J., Bishop, M., & Goodman Jr. R. (2012) Measuring psychographics to assess purchase intention and willingness to pay, Journal of consumer marketing, 29(4), 280-292.

Bass, F. M. (1969) A new product growth for model consumer durables, Management science, 15(5), 215-227.

Baudrillard, J. (1970) La Société de consommation: Ses mythes, ses structures, Gallimard. (1979, 今村仁司他訳『消費社会の神話と構造』紀伊國屋書店).

Bellah, R. N. (1991) The Good Society, Alfred A. Knopf. Inc. (1991, 中村圭志訳『善い社会』みすず書房).

Berger, P. D., & Nasr, N. I. (1998) Customer lifetime value: Marketing models and applications, Journal of interactive marketing, 12(1), 17-30.

Bianchi, E., Bruno, J. M., & Sarabia-Sanchez, F. J. (2019) The impact of perceived CSR on corporate reputation and purchase intention, European journal of management and business economics, 28(3), 206-221.

Blattberg, R. C., Malthouse, E. C., & Neslin, S. A. (2009) Customer lifetime value: Empirical generalizations and some conceptual questions, Journal of Interactive Marketing, 23(2), 157-168.

Blau, P. M. (1964) Exchange and Power in Social Life, John Wiley and Sons. (1974, 間場寿

一・居安正・塩原勉訳『交換と権力　社会過程の弁証法社会学』新曜社）.

Boulding, K. E. (1956) The image: Knowledge in life and society (Vol. 47), University of Michigan press. (1962, 大川信明訳『ザ・イメージ』誠信書房).

Bowles, S. (2016) The Moral Economy: Why Good Incentives Are No Substitute for Good Citizens, Yale University Press. (2017, 植村博恭・磯谷明徳・遠山弘徳訳『モラル・エコノミー：インセンティブか善き市民か』NTT出版).

Brodie, R. J., Ilic, A., Juric, B., & Hollebeek, L. (2013) Consumer engagement in a virtual brand community: An exploratory analysis, Journal of business research, 66(1), 105-114.

Brown, G. H. (1953) Brand Loyalty-fact of fiction, Trademark Rep., 43, 251.

Chan, S. T., Lin, T. M., & Bodhi, P. (2014) Exploring the persuasive effect of member-get-member referral programs, Social Behavior and Personality: an international journal, 42(6), 891-901.

Christopher, M., A. Payne & D. Ballantyne. (1991) Relationship Marketing Creating Stakeholder Value, Butterworth-Heinemann.

Clark, M. S., & Mills, J. (1979) Interpersonal Attraction in Exchange and Communal Relationships, Journal of Personality and Social Psychology, 37(1), 12-24.

Clark, M. S., & Mills, J. (2012) A theory of communal (and exchange) relationships. In P. A. M. Van Lange, A. W. Kruglanski, E. T. Higgins (Eds.), Handbook of theories of social psychology (pp. 232-250). Thousand Oaks, CA: Sage Publications Ltd.

Cousins, C. (2009) Pharmaceutical Marketing: The Unethical Reform of Industry, Gatton College of Business and Economics, University of Kentucky. Gatton Student Research Publication, 1(2), 1-8.

Criteo. (2018) The state of Customer Lifetime Value report.

Dick, A. S., & Basu, K. (1994) Customer loyalty: toward an integrated conceptual framework, Journal of the academy of marketing science, 22(2), 99-113.

Durkheim, É. (1897) Le suicide: Étude de sociologie, Felix Alcan. (1985, 宮島喬訳『自殺論』中公文庫).

Dwyer, F. R. (1989) Customer lifetime valuation to support marketing decision making, Journal of direct marketing, 3(4), 8-15.

Fishbein, M. (1963) An investigation of the relationships between beliefs about an object and the attitude toward that object, Human relations, 16(3), 233-239.

Fournier, S. (2012) Lessons learned about consumer relationships with brands, Boston University.

Fournier, S., McAlexander, J., Schouten, J., & Sensiper, S. (2000) Building brand community on the Harley-Davidson posse ride, Harvard Business School Pub.

Fukuyama, Francis. (1995) Trust: The Social Virtues and the Creation of Prosperity, New York: Free Press, (1996, 加藤寛訳『「信」無くば立たず』三笠書房).

Galbraith, J. K. (1958) The Affluent Society, Houghton Mifflin Company. (1978, 鈴木哲太郎訳『ゆたかな社会』岩波書店).

Giddens, A. (1991) Modernity and Self-Identity: Self and Society in the Late Modern Age, Polity Press. (2005, 秋吉美都・安藤太郎・筒井淳也訳『モダニティと自己アイデンティティ』ハーベスト社).

Giesler, M. (2003) Social Systems in Marketing, in Darach Turley and Stephen Brown (eds.), European Advances in Consumer Research, Volume 6, 249-256.

Goffman, E. (1959) The Presentation of Self in Everyday Life, London: Harmondsworth. (1974, 石黒毅訳『行為と演技―日常生活における自己呈示』誠信書房).

Habermas, J. (1981) Theorie des Kommunikativen Handelns, Suhrkamp. (1985, 河上倫逸ほか『コミュニケイション的行為の理論（上）（中）（下）』未来社).

Hatch, M. and Schultz, M. (2003) Bringing the corporation into corporate branding, European Journal of Marketing, vol.37 (7/8), 1041-1064.

Hoban, P. R., & Bucklin, R. E. (2015) Effects of internet display advertising in the purchase funnel: Model-based insights from a randomized field experiment, Journal of Marketing Research, 52(3), 375-393.

Johnson, J. W., & Grimm, P. E. (2010) Communal and exchange relationship perceptions as separate constructs and their role in motivations to donate, Journal of Consumer Psychology, 20(3), 282-294.

Keller, K.L. (2008) Strategic Brand Management: Building, Measuring, and Managing Brand Equity (3rd ed.), Prentice Hall. (2010, 恩藏直人監訳『戦略的ブランド・マネジメント（第3版)』東急エージェンシー).

Koning, R., Hasan, S., & Chatterji, A. (2022) Experimentation and start-up performance: Evidence from A/B testing, Management Science, 68(9), 6434-6453.

Kotler, P. (1967) Marketing Management: Analysis, Planning and Control. Englewood Cliffs, N.J.: Prentice-Hall. (1971, 伊波和雄ほか訳『マーケティング・マネジメント』鹿島出版会)

Kumar, V., Shah, D. (2004) Building and sustaining profitable customer loyalty for the 21st century, Journal of retailing, 80(4), 317-329.

Kumar, V., Aksoy, L., Donkers, B., Venkatesan, R., Wiesel, T., & Tillmanns, S. (2010) Undervalued or overvalued customers: Capturing total customer engagement value, Journal of service research, 13(3), 297-310.

Kumar, V., Dalla Pozza, I., & Ganesh, J. (2013) Revisiting the satisfaction-loyalty relationship: empirical generalizations and directions for future research, Journal of retailing, 89(3), 246-262.

Lasch, C. (1984) The minimal self: Psychic survival in troubled times, WW Norton & Company. (1986, 石川弘義ほか訳『ミニマルセルフ：生きにくい時代の精神的サバイバル』時事通信社).

Leahy, R. (2011) Relationships in fast moving consumer goods markets: The consumers' perspective, European journal of marketing, 45(4), 651-672.

Levitt, T. (1960) Marketing Myopia, Harvard Business Review38(4)., 24-47.(1993, 土岐坤訳「マーケティング近視眼」『DIAMONDハーバード・ビジネス』18(2)).

———— (1983) After the sale is over⋯, Harvard Business Review, 61(5), 87-93. (1994, 有賀裕子「顧客との絆をマネジメントする」『ダイヤモンド・ハーバード・ビジネス・レビュー』6-7月号).

Lienhard, S. D. (2022) Established consumer goods manufacturers and Direct-to-Consumer (D2C) strategies: How to build capabilities for manufacturers' own D2C brands, European Marketing Academy.

Lipstein, B. (1959) The dynamics of brand loyalty and brand switching. In Proceedings of the fifth annual conference of the advertising research foundation (101-108), New York: Advertising Research Foundation.

Luhmann, N. (1973) Vertrauen: Ein Mechanismus der Reduktion sozialer Komplexität, 2. Auflage. (1990, 大庭健・正村俊之訳『信頼：社会的な複雑性の縮減メカニズム』勁草書房).

Maio, G. R., Olson, J. M., & Cheung, I. (2012) Attitudes in Social Behavior, Handbook of Psychology, Second Edition, 5.

Marketing Science Institute. (2010) 2010-2012 Research Priorities, Cambridge, MA.

Marx, K. (1890) Das Capital, Erster Band, Diez Verlag., (2011, 中山元訳『資本論：経済学批判』第1巻1, 日経BP社).

Mauss, M. (1925) Essai sur le don: forme et raison de l'échange dans les sociétiés archaïques, Année sociologique, N.S., tome 1, 30-186. (2014, 森山工訳『贈与論 他二篇』岩波書店).

McAlexander, J. H., Schouten, J. W., & Koenig, H. F. (2002) Building brand community, Journal of marketing, 66(1), 38-54.

McCarthy, D., & Fader, P. S. (2018) Customer-based corporate valuation for publicly traded noncontractual firms, Journal of Marketing Research, 55(5), 617-635.

McCarthy, D., & Pereda, F. (2020) Assessing the Role of Customer Equity in Corporate Valuation: A Review and a Path Forward. Available at SSRN 3518772.

McLaren, T. (2021) Allbirds: The Allure of Direct to Consumer Ethical Brands, Bloomsbury Fashion Case Studies.

Miller, F. M., Fournier, S., & Allen, C. T. (2012) Exploring relationship analogues in the brand space, In Consumer-brand relationships (30-56). Routledge.

Morgan, R. M. and Hunt, S. D. (1994) The Commitment Trust Theory of Relationship Marketing, Journal of Marketing, Vol. 58, No. 3, 20-38.

Muniz, A. M., & O'guinn, T. C. (2001) Brand community, Journal of consumer research, 27(4), 412-432.

Nottorf, F., & Funk, B. (2013) A cross-industry analysis of the spillover effect in paid search advertising, Electronic Markets, 23(3), 205-216.

Ogilvy, D. (1983) Ogilvy on Advertising. Vintage Press. (1985, 松岡茂雄訳『売る広告』誠文堂新光社).

Organ, D. W., Podsakoff, P. M., & MacKenzie, S. B. (2005) Organizational citizenship behavior: Its nature, antecedents, and consequences, Sage Publications. (2007, 上田泰訳『組

織市民行動』白桃書房).

Parasuraman, A., Zeithaml, V. A., & Berry, L. L. (1985) A conceptual model of service quality and its implications for future research, Journal of marketing, 49(4), 41-50.

Peterson, R. A. (1995) Relationship marketing and the consumer, Journal of the academy of marketing science, 23(4), 278-281.

Pfeifer, P. E., Haskins, M. E., & Conroy, R. M. (2005) Customer lifetime value, customer profitability, and the treatment of acquisition spending, Journal of managerial issues, 11-25.

Pike, S. (2021) Destination Marketing Essentials, Routledge.

Pitasi, A., Dominici, G., & Mancini, G. (2014) Marketing as a Luhmanian System, ADVANCES IN BUSINESS MANAGEMENT. Towards Systemic Approach, 364.

Porter, M. E. (1998) On competition, Harvard Business School Press. (1999, 竹内弘高訳『競争戦略論II』ダイヤモンド社).

Price, L. L., & Arnould, E. J. (1999) Commercial friendships: Service provider-client relationships in context, Journal of marketing, 63(4), 38-56.

Putnam, R. D. (1994) Making democracy work: Civic traditions in modern Italy, Princeton university press. (2001, 河田潤一訳『哲学する民主主義　伝統と改革の市民的構造』NTT 出版).

Rappaport, E. (1999) Shopping for Pleasure: women in the making of London's West End. Princeton University Press.

Reichheld, F. F. (1996) The Loyalty Effect: The Hidden Force Behind Growth, Profits, and Lasting Value, Harvard Business School Press. (1998, 伊藤良二訳『顧客ロイヤルティのマネジメント―価値創造の成長サイクルを実現する』ダイヤモンド社).

Reichheld, F. F., & Sasser, W. E. (1990) Zero defeofions: Quoliiy comes to services, Harvard business review, 68(5), 105-111.

Relph, E. (1976) Place and Placelessness, London: Pion. (1991, 高野岳彦・阿部隆・石山美也子訳『場所の現象学―没場所性を越えて』筑摩書房).

Ritzer, G. (1996) The McDonaldization of Society, Revised Edition, Pine Forge Press. (1999, 正岡寛司監訳『マクドナルド化する社会』早稲田大学出版部).

Rogers, E. M. (1962) The Diffusion of Innovation, New York, NY: The Free Press. (2007, 三藤利雄『イノベーションの普及』翔泳社).

Rotter, J. B. (1967) A new scale for the measurement of interpersonal trust, Journal of Personality, 35(4), 651-665.

Rust, R. T., Moorman, C., & Bhalla, G. (2010) Rethinking marketing, Harvard business review, 88(1/2), 94-101.

Schmit, T. M., & Hadcock, S. E. (2010) Assessing barriers to expansion of farm-to-chef sales: a case study from upstate New York (No. 642-2016-43960).

Sen, A. (1977) Rational fools: A critique of the behavioral foundations of economic theory, Philosophy & Public Affairs, 317-344. (1989, 大庭健・川本隆史訳「合理的な愚か者」『合理的な愚か者』勁草書房).

Sheth, J. N. (2015) The future evolution of relationship marketing. In Handbook on research in relationship marketing, Edward Elgar Publishing, 1-15.

Smith, A. (1896) Lectures on Justice, Police, Revenue and Arms: Delivered in the University of Glasgow, Clarendon Press. (2005, 水田洋訳『法学講義』岩波文庫).

Stern, L. W., El-Ansary, A. I., and Brown, J. R. (1989) Management in Marketing Channels, Prentice-Hall. (1995, 光澤滋朗監訳『チャネル管理の基本原理』晃洋書房).

Stiglitz, J. E., and Carlton, A. (2005) Fair Trade For All: How Trade Can Promote Development, Oxford University Press. (2007, 浦田秀次郎監訳・高遠裕子訳『フェアトレード―格差を生まない経済システム』日本経済新聞社).

Sujan, M. (1985) Consumer knowledge: Effects on evaluation strategies mediating consumer judgments, Journal of consumer research, 12(1), 31-46.

Tversky, A., & Kahneman, D. (1974) Judgment under Uncertainty: Heuristics and Biases: Biases in judgments reveal some heuristics of thinking under uncertainty, science, 185(4157), 1124-1131.

Vargo, S. L. (2008) Customer integration and value creation Paradigmatic Traps and Perspectives, Journal of Service Research, 11 (2), 211-215.

Veblen,T. (1899) The Theory of the LeisureClass, Oxford University Press. (2014, 村井章子訳『有閑階級の理論（新版）』ちくま学芸文庫,2016年).

Vivek, S. D. (2009) A scale of consumer engagement, The University of Alabama.

Weber, Max. (1922) Soziologische Grundbegriffe, Wirtschaft und Gesellschaft, J. C. B. Mohr, Tübingen. (1972, 清水幾太郎訳『社会学の根本概念』岩波書店).

Winkler, N. (2019) Direct to Consumer vs Wholesale: Customer Experience Over Competition. Shopify plus. Tips and strategies.

Xia, Y., & Yang, Y. (2019) RMSEA, CFI, and TLI in structural equation modeling with ordered categorical data: The story they tell depends on the estimation methods. Behavior research methods, 51, 409-428.

Yi, Y., & Gong, T. (2013) Customer value co-creation behavior: Scale development and validation. Journal of Business research, 66(9), 1279-1284.

Zeithaml, V. A., Parasuraman, A., & Malhotra, A. (2002) Service quality delivery through web sites: a critical review of extant knowledge. Journal of the academy of marketing science, 30(4), 362-375.

Zolli, A., & Healy, A.M. (2012) Resilience: Why things bounce back. Hachette UK. (2013, 須川綾子訳『レジリエンス 復活力―あらゆるシステムの破綻と回復を分けるものは何か』ダイヤモンド社).

青木美紗 (2017)「6次産業の商品開発と販路開拓に関する一考察」『農林業問題研究』53(2), 49-59.

青木幸弘 (2000)「ブランド研究の系譜: その過去, 現在, 未来」青木幸弘・岸志津江・田中洋編著,『ブランド構築と広告戦略』日経広告研究所, 19, 52.

──── (2004)「地域ブランド構築の視点と枠組み」『商工ジャーナル』30, 8, 14-17.

──── (2008)「地域ブランドを地域活性化の切り札に」『ていくおふ』124, 18-25.

─────（2012）「消費者行動研究の系譜」青木幸弘他編『消費者行動論：マーケティングとブランド構築への応用』有斐閣アルマ, 48-83.

青柳涼子（2017）「地域愛着および地域とのつながりを規定する要因の探索的分析」『淑徳大学大学院総合福祉研究科研究紀要』24, 25-42.

朝日新聞（2021）「被災企業, 6次産業化足踏み」『朝日新聞全国朝刊』2021年1月28日.

安藤まや, 関根聡（2014）「レビューには何が書かれていて, 読み手は何を読んでいるのか?」『言語処理学会第20回年次大会発表論文集』884-887.

池井戸潤（2021）「池井戸潤が歩く岩手釜石の復興」『朝日新聞全国朝刊』2021年11月27日.

池尾恭一（2021）「新型コロナ危機による流通チャネル変革と戦略課題」『マーケティングジャーナル』41(1), 6-15.

石井淳蔵（1983）『流通におけるパワーと対立』千倉書房.

石原武政（1997）「コミュニティ型小売業の行方」『経済地理学年報』43, 1, 37-47.

─────（2019）「小売業の外部性と地域貢献」『マーケティングジャーナル』38, 3, 6-16.

伊藤博永（2016）「基本概念 リテンション・マーケティングの昨日・今日・明日」『100万社のマーケティング』8, 70-73.

伊藤幹治（1995）『贈与交換の人類学』筑摩書房.

乾順紀, 長ヶ原誠ほか（2014）「都市部高齢化地域居住者の地域愛着に関連する要因について」『神戸大学大学院人間発達環境学研究科研究紀要』8(1), 1-10.

井上淳子（2009）「ブランド・コミットメントと購買行動との関係」『流通研究』12(2), 2_3-2_21.

井上誠耕園（2023）https://www.inoueseikoen.co.jp/about.html（2023.05確認）.

井上達夫（1999）『他者への自由：公共性の哲学としてのリベラリズム』創文社.

今田純雄（2005）『食べることの心理学』有斐閣.

岩手日報（2010）「小野食品大槌に新拠点」『岩手日報』2010年9月21日.

岩永洋平（2016）『通販ビジネスの教科書』東洋経済新報社.

─────（2018）「ダイレクトマーケティング事業によるブランド知識の変容」『Direct Marketing Review』vol17, 15-43.

─────（2019a）「ふるさと納税にふるさとへの思いはあるか―利用者の意識調査による検証―」『地域活性研究』vol.10, 1-10.

─────（2019b）「地方の味方は誰か ―地域商品ブランドを積極的に選ぶ消費者像の把握―」『地域イノベーション』Vol.11, 3-16.

─────（2020）『地域活性マーケティング』ちくま新書, 筑摩書房.

─────（2021）「価格競合から抜け出す値付け戦略」『月刊ガバナンス』7月号, 116-117.

─────（2022）「地域愛着を喚起する観光経験は何か―経験記述のテキスト分析による検討-」『地域活性研究』vol.16, 1-10.

─────（2023）「顧客生涯価値を形成する実践と事業モデル―D2C事業調査からの基本構造・事業プロセス・収益モデルの検証」日本ダイレクトマーケティング学会『Direct Marketing Review』vol.22, 1-23.

上原征彦（2011）「農商工連携と地域活性化」『マーケティングジャーナル』30(4), 5-14.

─────（2021）「規範科学としてのマーケティング論」『日本マーケティング学会 ワーキン

グペーパー』Vol.7 No.10.

圓丸哲麻（2015）「リレーションシップ・マーケティングと関係性マーケティングの比較研究―信頼概念からの考察―」『麗澤経済研究』22, 1-14.

大方優子, 乾弘幸（2022）「ファンツーリズムの行動実態に関する基礎的研究：推し消費と観光行動に関する一考察」『産業経営研究所報』54, 49-62.

大蔵昌彦（1998）『「ごっくん馬路村」の村おこし―ちっちゃな村のおっきな感動物語』日経BP.

大西茂, & 田中勝也（2019）「「エシカル消費」としての地域農産物に対する消費者選好」『環境情報科学論文集』Vol. 33, 163-168.

大向一輝（2015）「SNSの歴史」『電子情報通信学会 通信ソサイエティマガジン』9(2), 70-75.

大森寛文, 片野浩一, 田原洋樹（2020）『経験と場所のブランディング』千倉書房.

岡野雄気, 倉田陽平, 直井岳人（2018）「観光地への愛着に影響を与える滞在中の経験」『観光研究』30(1), 5-18.

沖賢太郎（2022）「マスプロダクトが売れない時代のD2C：既存企業のD2C転換への示唆」『流通情報』53(5), 39-50.

小野譲司（2010）「JCSIによる顧客満足モデルの構築」『マーケティングジャーナル』30(1), 20-34.

小野食品（2011）「海のごちそう頒布会ご利用の皆様へ」同社ブログ2011年3月16日http://blog.shop-onoya.com/?day=20110316（2022.12確認）.

会計検査院（2017）「6次産業化ネットワーク活動交付金等による事業の改善要求」.

春日淳一（1982）「消費行動の機能―構造分析―ルーマン理論の応用」『関西大学経済論集』31(6), 851-868.

片山善博（2014）「自治を蝕む『ふるさと納税』」『世界』861, 60-62.

加藤公一レオ（2021）「通販の本質は教育業, 成功のカギはLTV最大化にある」https://agendanote.com/retail/detail/id=3024,（2023年1月参照）.

金澤敦史, 菊池一夫, 大下剛, 町田一兵.（2021）「D2Cビジネスモデルの解明―Warby Parkerの事例を中心にして―」『愛知学院大学論叢. 経営学研究』31(1), 1-9.

神島二郎（1961）『近代日本の精神構造』岩波書店.

神田正樹（2018）「顧客エンゲージメントの範囲・次元・構成概念の解明―取引を超えたエンゲージメントの精緻化」『商学研究論集』48, 127-146.

岸本義之（2012）「消費者主導の時代に考える「パーチェス・ファネル」の有効性と今日的課題」『宣伝会議』, No. 830, 16-19.

木下斉（2016）『地方創生大全』東洋経済新報社.

君島美葵子（2011）「通信販売における注文獲得費の投入産出関係の測定」『横浜国際社会科学研究』16, 1, 19-39.

清成忠男（1978）『地域主義の時代』東洋経済新報社.

久住淳（2003）「心理尺度作成における因子分析の利用法」『応用心理学研究』46, 42-51.

久保田進彦（2003）「リレーションシップ・マーケティングとブランド・コミュニティ」『中京商学論叢』49(2), 197-257.

─────（2012）『リレーションシップ・マーケティング：コミットメント・アプローチによる把握』有斐閣.

─────（2018）「自己とブランドの結びつき」『青山経営論集』52（4），1-46.

熊倉雅仁（2017）「オムニチャネル戦略─オムニチャネルニュービジネスモデル─」『高千穂論叢』52（1），25-52.

黒田亘（1992）『行為と規範』勁草書房.

経済産業省（2014）『地域ブランディングとそれに関連する地域づくりのあり方に関する調査』.

─────（2022）「電子商取引に関する市場調査」.

小林哲（2016）『地域ブランディングの論理』有斐閣.

小松伸一（1998）「エピソード記憶と意味記憶」『失語症研究』18（3），182-188.

小山裕（2010）「機能分化社会と全面国家　ニクラス・ルーマンにおける機能分化社会の原像」『社会学評論』61（1），37-51.

斉藤嘉一，星野浩美ほか（2012）「何がブランドコミットメントを生み出すか？　ブランドと自己との結び付き，ノスタルジックな結び付き，ブランドラブの効果の包括的テスト」『消費者行動研究』18（1_2），1_2_57-1_2_84.

佐々木康裕（2020）『D2C「世界観」と「テクノロジー」で勝つブランド戦略』NewsPicksパブリッシング.

佐藤潤（2021）『ヤッホーとファンたちとの全仕事』日経BP.

嶋口充輝（1994）『顧客満足型マーケティングの構図』有斐閣.

神野直彦（2007）「論陣・論客 ふるさと納税，どう見る」『読売新聞』2007年6月12日.

水産庁（2022）「水産加工業者における東日本大震災からの復興状況アンケート」.

菅野佐織（2013）「自己とブランドの結びつきがブランド・アタッチメントに与える影響」『商学論究』60（4），233-259.

杉田直樹（2013）「農商工連携，6次産業化における製品開発の課題」『農業経営研究』51（2），61-66.

杉本達哉（1973）「消費者パネル調査のタイプと限界」『商経学叢』20（1），231-254.

鈴木文彦（2017）「地域商社やアンテナショップに求められる＋αの育成機能」『市町村への地方債情報』56，67-70.

数土直紀（2016）「人への信頼，システムへの信頼，何が異なるのか?」『現代社会学理論研究』10，17-30.

スノーピーク（2023）「2022年12月期　決算説明資料および中期経営計画」.

盛山和夫（2006）「理論社会学としての公共社会学にむけて」『社会学評論』57，1，92-108.

総務省（2019）『農林漁業の6次産業化の推進に関する政策評価書』.

─────（2021a）『情報通信白書』.

─────（2021b）「ウィズコロナにおけるデジタル活用の実態と利用者意識の変化に関する調査研究」.

─────（2022）「家計消費状況調査」.

─────（2024）「通信料動向調査」

高橋昭夫（2002）「消費財市場におけるリレーションシップ・クオリティと市場ネットワーク

の形成」『明治大学社会科学研究所紀要』41-1, 143-167.

竹内淑恵（2014）「リレーションシップ・マーケティングの潮流と研究の視点」竹内淑恵編著『リレーションシップのマネジメント』文眞堂, 1-18.

太宰潮（2017）「中小企業の価格戦略：「久原本家」の成功を例に」『福岡大学商学論叢』61(4), 279-296.

田中祥子（2021）「企業が関わる共創コミュニティのユーザー参加動機」『マーケティングジャーナル』40(4), 58-65.

田中洋（2008）『消費者行動論体系』中央経済社.

谷本貴之（2009）「馬路村農協におけるゆず加工品のマーケティング戦略」『愛媛経済論集』29, 1, 39-59.

玉置了（2018）「共感と信頼が顧客のサービス担当者に対する支援意識に及ぼす影響」『流通研究』21(2), 31-46.

玉野井芳郎（1979）『地域主義の思想』農山漁村文化協会.

田村正紀（2011）『ブランドの誕生―地域ブランド化実現への筋道』千倉書房.

中小企業庁（2016）「中小企業白書」.

寺本高, 西尾チヅル（2012）「ブランド・ロイヤルティの形成におけるブランド・コミットメントの長期効果」『流通研究』14.2_3, 77-96.

電通（2019）「新規顧客の獲得」と「既存顧客の育成」を一本化する「デュアルファネルソリューション」https://www.dentsu.co.jp/news/sp/release/2019/0215-009753.html.

東大社研編（2020）『地域の危機・釜石の対応―多層化する構造』東京大学出版会.

富永健一（1997）『経済と組織の社会学理論』東京大学出版会.

豊田秀樹（2007）『共分散構造分析 Amos編』東京書籍.

トランスコスモス・アナリティクス（2012）『ダブルファネルマーケティング』リックテレコム.

中川純一, 橋本久, 中島大明（2013）「企業を取り巻く声活用の新たな展開―集まる声から, 集める声, 仕掛ける声へ」『オペレーションズ・リサーチ：経営の科学』58(8), 455-461.

中野敏男（2013）『マックス・ウェーバーと現代・増補版』青弓社.

中久郎（1982）「共同体論における共同性の問題」『哲學研究』47(3), 306-341.

中村圭介（2010）『地域経済の再生―釜石からのメッセージ』東京大学社会科学研究所.

中村尚史（2019）「危機を転機に変える」『危機対応の社会科学　上―想定外を超えて』東京大学出版会, 195-215.

中村人哉, 比嘉邦彦（2011）「顧客生涯価値算出方法に関する研究の調査」『経営情報学会　全国研究発表大会要旨集』, 530-530.

名淵裕史（2012）「地域ブランドにおけるWEB活用の意義」田中道雄, 白石善章, 濱田恵三編『地域ブランド論』同文館出版.

新倉貴士（2014）「消費者行動とリレーションシップ・マーケティング」竹内淑恵編著『リレーションシップのマネジメント』文眞堂, 204-218.

─────（2019）「ブランドロイヤルティの構図と機能」『商学論究』66(3), 95-108.

─────（2023）「消費者行動とブランド戦略」『デジタル時代のブランド戦略』有斐閣.

日刊食品速報（2021）「東日本大震災から10年」『日刊食品速報』No.11696号.

日経BP (2012)「信念と決断で危機を突破」『日経トップリーダー』2012年3月, 65-67.

———— (2019)『最新マーケティングの教科書2020』日経BP.

日本経済新聞 (2016)「魚調理品, 通販で個人客つかむ」『日本経済新聞電子版』2016年5月17日.

———— (2022)「世界のユニコーン1066社, 分野別一覧で迫るその実態」『日本経済新聞電子版』, 2022年4月15日.

日本マーケティング研究所 (2021)「ファンとの交流でエンゲージメントとCXを追求するスノーピーク」『営業力開発』238, 17-20.

根本志保子 (2018)「倫理的消費：消費者による主体的かつ能動的な社会関与の意義と課題」『一橋経済学』11, 2, 1-17.

農林水産省 (2021)『6次産業化の取組事例集（令和3年版）』.

野中郁次郎, 竹内弘高 (2020)『知識創造企業（新装版）』東洋経済新報社.

畑井佐織 (2004)「消費者とブランドの関係の構造と測定尺度の開発」『消費者行動研究』10(1-2), 17-41.

引地博之, 青木俊明, 大渕憲一 (2009)「地域に対する愛着の形成機構—物理的環境と社会的環境の影響—」『土木学会論文集D』65(2), 101-110.

樋口耕一 (2017)「計量テキスト分析およびKH coderの利用状況と展望」『社会学評論』68.3, 334-350.

平鍋健児, 野中郁次郎, 及部敬雄 (2021)『アジャイル開発とスクラム 顧客・技術・経営をつなぐ協調的ソフトウェア開発マネジメント』翔泳社.

福田康典, 高橋昭夫 (2021)「地域マーケティングの展開—資源統合の観点から」『明治大学社会科学研究所紀要』60, 1-60.

藤岡章子 (1999)「日本におけるリレーションシップ・マーケティングの先駆的展開—戦間期の資生堂の「花椿会」活動を中心として—」『経済論叢別冊 調査と研究』17, 75-92.

藤岡達磨 (2017)「他者との接触と共在の空間としての商業空間」『21世紀倫理創成研究』10, 92-110.

星野崇宏, 岡田謙介, 前田忠彦 (2005)「構造方程式モデリングにおける適合度指標とモデル改善について：展望とシミュレーション研究による新たな知見」『行動計量学』32(2), 209-235.

堀田和彦 (2014)「ナレッジマネジメントに着目して：農商工連携に関する研究アプローチ」『関東東海農業経営研究』(104), 5-12.

法理樹里, 牧野光琢, 堀井豊充 (2017)「東北地方太平洋沖地震後の福島県産水産物に対する消費者の購買意識構造」『実験社会心理学研究』57(1), 42-50.

麻里久 (2017)「消費者市場におけるリレーションシップ・マーケティング再考」『マーケティングジャーナル』37(1), 157-167.

水越康介 (2011)『企業と市場と観察者：マーケティング方法論研究の新地平』有斐閣.

———— (2022)『応援消費』岩波書店.

三角政勝 (2015)「自己負担なき「寄附」の在り方が問われる「ふるさと納税」」『立法と調査』371, 59-73.

明神実枝 (2019)「社会構成主義アプローチによるエコ・マーケティング理解の視座につい

ての考察」『流通科学研究』18(2), 51-64.

村山研一 (2005)「地域ブランドと地域の発展」『地域ブランド研究』創刊号, 3-32.

―――― (2007)「地域ブランド戦略と地域ブランド政策」『地域ブランド研究』3, 1-25.

―――― (2011)「地域価値の創造を進めていくための視点と組織」『地域ブランド研究』6, 1-13.

山井太 (2015)「人間性の回復を事業の根底に」『Suruga Institute report』(131), 26-29.

―――― (2016)「自らもユーザーであるという揺るぎない顧客視点」『商業界』69(3), 72-77.

山岸俊男 (1998)『信頼の構造』東京大学出版会.

山下奉仁 (2018)「ヤッホー社長が語る廃業危機」日経XTREND, https://xtrend.nikkei.com/atcl/contents/18/00062/00001/ (2023.05確認).

山田雄一朗 (2021)「D2Cには, コミュニケーションとブランドパーパスの『深さ』が必要」DIGIDAY, 2021/9/2, https://digiday.jp/brands/d2c_needs_-depth_of_the_brand_purpose, (2022年11月15日参照).

山本晶, 松村真宏 (2017)「顧客のエンゲージメント価値の測定」『マーケティングジャーナル』36(4), 76-93.

横山隆治, 菅原健一, 草野隆史 (2015)『顧客を知るためのデータマネジメントプラットフォーム DMP 入門』インプレス.

良品計画 (2021)「数字で見る良品計画」, https://www.ryohin-keikaku.jp/corporate/about.html.

ルディ和子 (1987)『ダイレクトマーケティングの実際』日本経済新聞社.

若林直樹 (2006)『日本企業のネットワークと信頼：企業間関係の新しい経済社会学的分析』有斐閣.

―――― (2009)『ネットワーク組織』有斐閣.

渡辺龍也 (2014)「応援消費：東日本大震災で「発見」された消費の力」『現代法学』, 26, 311-342.

和田充夫 (1998)『関係性マーケティングの構図：マーケティング・アズ・コミュニケーション』有斐閣.

―――― (1999)『関係性マーケティングと演劇消費：熱烈ファンの創造と維持の構図』ダイヤモンド社.

―――― (2013)「超高関与消費者行動とその対応戦略：BMWから宝塚歌劇まで」『商学論究』60(3), 69-82.

あとがき

　佐賀の有田には，年に1回くらい散歩におもむいて，気に入った日用食器を選ぶ。いくつもの小さな窯が並ぶ川沿いの道をたどるのも楽しい。通ううちに好みの器を揃えた店も分かってくる。何度か訪れたその店に行くと，若い女性店員が器の整理の手を止めて，「あ，いらっしゃいませ」と笑顔をこちらに向ける。この店は，わたしを覚えており歓迎している。「あ，」の一言で，そう感じる。同店が上質で手ごろなオリジナルの器を拵えており，何人かの陶芸作家を応援していること，笑顔の店員はこの店に嫁いできたことなどをわたしは知っている。累積客単価が数万円程度の顧客にそういう知識があり，店を信頼し好ましく感じて，この店と有田の街を大切に思う気持ちが生じている。声掛けや笑顔のような人格的な，直接のインタラクションの効果は大きい。ただ，売り手と買い手の直接接触がない間接取引で，どうすれば顧客をつなぎ止められるだろうか，持続的な購買関係について考えてきた。

　本書は学術書たらんと記述したが，もともとは学術研究と縁は薄かった。大学を出たのちは会社員として過ごし，50代なかばから大学院で学んだが，プロパー研究者が経る永い研鑽には及ばない。一方で社会科学の文献を脈絡なく読む趣味は学生のころからで，神島二郎，千葉徳爾，橋川文三，安丸良夫，井上達夫，立岩真也などを面白く読んだ。学部以来つづいている友人たちとの読書会では，哲学，経済学，歴史などを教えてもらっている。こういったディレッタント的な嗜好は，現在の研究にも寄与しているだろう。ただ，やはりマーケターとしての勤務経験の影響は強い。本書では筆者にとって過大と思えるテーマに取り組んだが，これは実務における以前からの，また現在進行形のアクチュアルな問題意識から生じている。

　広告会社のマーケターの職歴のなかで筆者は，顧客の反復購買が事業を成長させると学んだ。担当業務では，初回購買をいかに効率よく獲得し，顧客を複数回の購買に誘導するかの施策を検討する。期間客単価や継続率などの数値から，事業の採算性をシミュレーションする。購買履歴データで顧客を区分し，気持ちのつながりを形成する施策を開発する。こういったキャリアは，広告会

社では必ずしも主流ではなかった。広告会社のマーケティング担当の主な仕事は，たとえば時代に適合したクリエイティブのコンセプト開発のような業務である。ただ筆者には，採算に直結する施策で，クライアントとともに事業成長を実現していく仕事のほうが性に合っていた。今世紀に入りデジタルでのコミュニケーションの比が高まるにつれ，LTVやCPA，ROASほかの修辞や抽象概念ではない指標を重視する傾向は強まり，わたしたちが取り組んできた仕事の，いわば生息域が広がっていった。2020年に転職して教員職に就いたことで，顧客との持続的購買関係の形成は，研究課題ともなった。

　本書は筆者の3冊目の著書になる。最初はビジネス書の『通販ビジネスの教科書』（2016, 東洋経済新報社）で，2冊目は新書の『地域活性マーケティング』（2020, 筑摩書房）だった。勤務のかたわらに綴った原稿が上梓の機会を得て，読者の反応をいただいたことは，大きな喜びとなった。さらには近年の研究をまとめたいという思いから本書が成った。出版を受けてくださった中央経済社・市田由紀子編集長には深く感謝している。またこれまで多くの先生方，先達，同僚にご指導を賜ってきた。蘆刈義博さん，岩田正剛さん，岡本義行先生，小野昭男さん，上林千恵子先生，小島富夫さん，後藤洋二さん，敷田麻実先生，白肌邦生先生，長妻美恵，中村重次郎さん，中村未来男さん，新倉貴士先生，野添憲明さん，廣田明先生，穂刈俊彦先生，三井文博さん，矢部正道さん，山本祐子先生，ほかのご縁のあった皆さん，ほんとうにありがとうございます。

　研究を始めて以来は，論文や発表によるインタラクションの意義と楽しさを感じている。本書についても学術の観点から，また実践の立場からも，ご指導，ご批判いただけることを心から願っている。

索　引

英・数

6次産業化 ………………………… 31
ABテスト ……………………… 138
ARPU（Average Revenue Per User）… 59
CAC（Customer Acquisition Cost）…… 57
CBBE論（Customer-Based Brand Equity）
　………………………… 38, 46, 77
CLV（Customer Lifetime Value）……… 2
CPA（Cost Per Action）……………… 57
CPO（Cost per Order）…… 27, 57, 71, 160
CRM（Customer Relationship
　Management）…………………… 72
D2C（Direct to Consumer）……… 51, 93
DMP（Data Management Platform）…… 13
F2転換率 …………………… 55, 69
KMVモデル（Key Mediating Variable
　Model）……………………… 16
KPI（Key Performance Indicator）…… 57
LTV（Customer Lifetime Value）
　………………… 2, 7, 25, 68, 160
PL（Profit and Loss statement）……… 20
RFM分析 ……………………… 12
ROAS（Return on Advertising Spend）
　……………………………… 59
ROI（Return on Investment）……… 20, 69
SNS…………………… 23, 94, 101
SPA（製造小売業）……………… 66

あ行

アーカー（Aaker, D.）……………… 15
青木幸弘 ……………………… 37

アトリビューション分析 …………… 13
ウェーバー（Weber, M.）………… 82, 84
エンゲージメント …………… 22, 61, 101
応援消費 ……………………… 83
小野昭男 ……………………… 146

か行

価値共創 ……………………… 166
価値合理的 ……………… 82, 145, 155
関係性マーケティング …………… 20, 25
観察による知識 ………… 80, 104, 153
共同的－交換的関係論 ……… 19, 81, 156
久保田進彦 ……………………… 18
クラーク＆ミルズ
　（Clark, M. & Mills, J.）………… 19
ケラー（Keller, K. L.）…………… 38
顕示的消費 ……………………… 84
権力 …………………………… 15, 157
購買外行動 ……………………… 23
コトラー（Kotler, P.）……………… 2
小林哲 ………………………… 43
コミットメント ………… 86, 145, 155
コミュニティ ………………… 23, 61

さ行

サブスクリプション ………………… 5
産地風景 ……………………… 133
自己表現 ………………… 80, 129, 154
システム信頼 ……………… 129, 158
持続的価値形成モデル …………… 87, 153
社会関係資本 …………………… 172

社会システム論 ･･････････････････ 80, 128
社会的結合 ･･･････････････････････ 149, 159
社会的行為論 ･･･････････････････････ 82, 155
社会的交換論 ･･････････････････････････ 81
消費社会 ･･････････････････････････････ 159
商品開発 ･･････････････････････････ 142, 169
商品評価 ･････････････････････ 17, 79, 127
人格的信頼 ･･････････ 129, 140, 158, 166
新規顧客獲得段階 ･･････････････････ 62, 64
信頼 ･･･････････････････････ 85, 127, 168
セン（Sen, A.）････････････････････ 86, 159
相互作用 ･･････････････････････ 94, 140, 169

た行

態度 ･････････････････････････････････ 17, 77
ダイレクト・マーケティング ･････････････ 2
多次元的コミットメント・モデル ･･････ 18
多属性態度モデル ･･･････････････････････ 83
楽しむための消費 ･･･････････････････････ 84
ダブルファネル ･････････････････････････ 66
田村正紀 ･･････････････････････････ 46, 159
地域愛着喚起モデル ･･･････････････････ 119
地域ブランド ･･･････････････････････････ 37
知識 ･･･････････････････････ 77, 104, 135
ディック＆バス
　（Dick, A. S. & Basu, K.）････････････ 14
特異な顧客関係性 ･･････････････････ 47, 159

な行

内的資源 ･･････････････････････････ 130, 143

は行

パーチェス・ファネル ･････････････････ 64

パーパス ･･･････････････････ 53, 60, 167
パイク（Pike, S.）･･････････････････････ 39
ヒューリスティック ･･･････････････････ 83
不確定性 ･････････････････ 128, 137, 145
複雑性 ･･････････････････････････ 128, 138
ブランディング ･････････････････････････ 37
ブランド知識 ･･･････････････････････････ 38
ブロディ（Brodie, R. J.）････････････ 24, 28
ボールディング（Boulding, K. E.）･･････ 77

ま行

マルクス（Marx, Karl）･･････････････････ 1
見せかけのロイヤルティ ･････････････ 14
無印良品 ･････････････････････････････ 28
村山研一 ･･････････････････････････ 43, 77
モーガン＆ハント
　（Morgan, R. M. & Hunt, S. D.）････ 15
目的合理的 ･･････････････････････････ 82, 85

ら行

ライクヘルド（Reichheld, F. F.）････ 7, 14
ラスト（Rust, R. T.）････････････････ 7, 25
ラダー・モデル ･･････････････････････ 65
リテンション ･･･････････････ 4, 64, 161
理念形 ･･････････････････････････････ 84
リレーションシップ・マーケティング
　････････････････････････････････････ 15
倫理的消費 ･･････････････････････････ 83
累積客単価 ･･････････････････････ 64, 68
ルーマン（Luhmann, N.）･････････････ 128
ルディ和子 ･･････････････････････････ 2
レジリエンス ･････････････････････････ 151
レビット（Levitt, T.）･･････････ 1, 2, 15
ロイヤルティ ･･･････････････････････ 11

わ行

和田充夫 ································· 20, 25

[著者紹介]

岩永 洋平（いわなが ようへい）

目白大学経営学部教授。博士（知識科学）。

シンクタンク，広告会社などの勤務を経て，2020年に九州産業大学教授，2025年より現職。ナショナルブランドや地方自治体と協業するほか，地方企業の事業成長を支援するマーケティングプランナーとして事業支援にかかわっている。法政大学地域研究センター客員研究員，一般社団法人D2Cエキスパート協会理事。

著書に『通販ビジネスの教科書』（2016, 東洋経済新報社），『地域活性マーケティング』（2020, ちくま新書）。共著に『実践ダイレクト・マーケティング講義』（2019, 千倉書房）『移動縁が変える社会』（2024, 水曜社）など。第16回ダイレクトマーケティング学会賞を受賞。

メールアドレス：gfc02222@nifty.com

顧客生涯価値マーケティング
──持続的な関係性をつくる

2025年5月1日　第1版第1刷発行

著　者	岩　永　洋　平	
発行者	山　本　　　継	
発行所	㈱中央経済社	
発売元	㈱中央経済グループ パブリッシング	

〒101-0051　東京都千代田区神田神保町1-35
電　話　03（3293）3371（編集代表）
　　　　　03（3293）3381（営業代表）
https://www.chuokeizai.co.jp
印刷／三英グラフィック・アーツ㈱
製本／㈲井上製本所

© 2025
Printed in Japan

＊頁の「欠落」や「順序違い」などがありましたらお取り替えいたしますので発売元までご送付ください。（送料小社負担）
ISBN978-4-502-53761-5　C3034

JCOPY〈出版者著作権管理機構委託出版物〉本書を無断で複写複製（コピー）することは，著作権法上の例外を除き，禁じられています。本書をコピーされる場合は事前に出版者著作権管理機構（JCOPY）の許諾を受けてください。
JCOPY〈https://www.jcopy.or.jp　eメール：info@jcopy.or.jp〉